CATALOGUE

DES BIJOUX

DU

MUSÉE NAPOLÉON III.

Paris. — Typographie de Firmin Didot frères, fils et Cie, rue Jacob, 56.

CATALOGUE

DES BIJOUX

DU

MUSÉE NAPOLÉON III.

PARIS,

LIBRAIRIE DE FIRMIN DIDOT FRÈRES, FILS ET Cᵢᵉ,

Imprimeurs de l'Institut, rue Jacob, 56.

1862.

CATALOGUE

DES BIJOUX

DU

MUSÉE NAPOLÉON III

———

DIADÈMES ET COURONNES.

———

Depuis les temps les plus reculés, le diadème a été la marque distinctive des plus hautes fonctions publiques, surtout de l'autorité souveraine. Il se peut donc que les chefs des *Lucumonies* aient fait usage de cet ornement, qui s'accorde si bien avec le luxe oriental que nous voyons régner de bonne heure chez les Étrusques, et qu'ils transmirent beaucoup plus tard aux Romains. Cependant les rares données réellement historiques que nous possédons sur les usages, les cérémonies et les costumes de ce peuple, ne nous permettent pas de l'affirmer, et quelques indications sont même de nature à nous faire penser que, chez eux, comme chez les Grecs et chez les Romains, les diadèmes et les couronnes servaient surtout de coiffure aux femmes d'un rang élevé. Divers monuments d'art étrusque nous présentent, en effet, des têtes de femmes ornées de cet insigne, dont la richesse semble en rapport avec la condition de la personne qui le portait, et l'on trouvera dans l'écrin n° 49 deux figures coiffées de diadèmes en or et en émail, qui en fournissent une nouvelle preuve. C'est, sans doute, à parer le front de quelque femme du rang le plus élevé qu'était destiné le magnifique diadème de l'écrin A de cette collection. Il est de travail étrusque, mais porte des traces évidentes de l'influence heureuse que les colonies de la Grande Grèce exercèrent de bonne heure sur le goût des populations de l'Italie centrale. L'habileté des orfévres étrusques était célèbre dans l'antiquité. Ils n'avaient pas de rivaux, et les bijoux en or ciselé et estampé qu'ils fabriquaient étaient recherchés même à Athènes. Ils se sont surpassés dans cet étonnant ouvrage, où l'art le plus consommé, des prodiges d'exécution qui défient nos plus habiles ouvriers, sont mis au service du goût le plus pur et le plus délicat.

La *Tænia*, dont on trouve un exemple dans l'écrin B, est le diadème réduit à sa plus simple expression. Elle consiste en une lame de métal excessivement souple et étroite, faisant l'office du lacet ou du ruban qui servait à séparer les cheveux de devant de ceux du reste de la tête.

A côté des diadèmes proprement dits, cette collection se distingue par sa grande richesse en couronnes d'or composées de feuillages divers. Les unes, assez légères et d'une délicatesse exquise de forme et de travail, étaient, sans doute, des parures de femmes; d'autres, des récompenses décernées, par leur ville natale ou par la patrie commune, à des guerriers ou à des citoyens illustres. Un casque de bronze trouvé dans la Grande Grèce, dans un état parfait de conservation, et qui fait partie de ce musée, donne beaucoup de vraisemblance à cette opinion. Il porte une couronne d'or en feuilles de laurier. Du reste, plusieurs monnaies de la Sicile et de la Grande Grèce représentent Minerve et Mars la tête coiffée d'un casque orné d'une ou de plusieurs couronnes dans le genre de celles dont nous parlons.

Un certain nombre de couronnes se distinguent par l'excessive ténuité des feuilles et des tiges dont elles sont composées, ténuité telle, qu'elles n'ont, en aucune manière, pu servir aux usages de la vie. C'étaient là des ornements mortuaires qui se fabriquaient tout exprès, qui n'étaient employés que dans les cérémonies funèbres, et qu'on déposait dans la tombe avec les restes du défunt.

I

DIADÈMES.

—

ÉCRIN A.

1. DIADÈME GRÉCO-ÉTRUSQUE EN OR ET EN ÉMAIL. Il se compose d'un assemblage de petites lames d'or plus ou moins découpées et reliées entre elles par une bande, estampée en astragale, qui garnit tout le bord inférieur du diadème. Toute la surface antérieure est couverte d'ornements divers disposés avec beaucoup d'élégance, quoique sans symétrie réelle, et fixés sur les lames d'or qui servent de fond, les uns par de petites charnières, les autres par de petits pivots rivés. Vers le milieu de la hauteur on remarque, sur toute l'étendue du diadème, une série de petites marguerites, dont le centre est orné d'une perle de pâte de verre, et qui sont entourées d'autres fleurs semblables plus petites et de quelques palmettes émaillées. Une foule d'ornements du même genre couvrent tout le reste de la surface ; tous sont façonnés de la manière la plus élégante, en feuilles d'or, en cordelé et en émail, et entremêlés de perles de

1.

pâte de verre de teintes très-douces. Le bord supérieur est formé par une série de palmettes ornées d'un grand nombre de petites perles de verre d'un beau bleu. Le diadème se termine de chaque côté par une petite pièce cylindrique très – élégante, dont l'extrémité porte un anneau auquel s'attachaient les cordons destinés à le fixer sur la tête. Les différentes parties dont se compose ce diadème sont combinées avec tant de goût et d'une manière si heureuse, qu'il est considéré comme un monument d'orfévrerie unique et presque inimitable.

ÉCRIN B.

2. Diadème en or. Il se compose d'une lame antique dont l'estampage primitif a été complétement masqué par un grand nombre d'ornements également antiques et estampés, qu'une main moderne y a rapportés avec beaucoup d'habileté. La partie inférieure est ornée d'antéfixes (1) en forme de coquille, la partie supérieure de masques et de rosettes, et le milieu de deux petits canards. Le bord supérieur du diadème est surmonté d'une série de palmettes également rapportées.

2 *bis*. Tænia en argent doré. Bande étroite à surface concave, façonnée d'une manière très-simple.

---

(1) Les orfévres italiens désignent par ce nom des ornements en forme de palmettes ou de coquilles, plus ou moins semblables aux artéfixes de terre cuite dont les Romains et les Étrusques décoraient le fronton et le faîte du toit de leurs temples.

Elle est de style grec, et fut trouvée, en 1857, dans un tombeau de Vulci. (*Bull. dell' Inst. arch. Roma*, 1857, p. 103.)

ÉCRIN C.

3. DIADÈME EN OR. Composé d'une lame antique sur laquelle on a rapporté une foule d'ornements, les uns antiques, les autres modernes, représentant des lentilles, des masques, des fleurs, des rosaces, etc. Toutes ces pièces sont estampées et grossièrement fixées à la lame par de petites chevilles d'or. Le milieu du diadème porte, vers le haut, une sorte d'écusson avec un bas-relief très-déformé, représentant une grosse tête de cheval, vue de face, entre deux figures humaines. Cette pièce, fixée à rebours, est surmontée d'un triangle dont le sommet pose sur la base de l'écusson, et dont l'estampage représente, à mi-corps, une figure humaine ailée, également très-déformée.

ÉCRIN Nº 1.

4. DIADÈME EN OR. Il se compose de vingt-huit petites pièces étrusques estampées et ciselées, représentant des Gorgones, des lions, des têtes et des figurines diverses, fixées sur une lame moderne ornée de fils cordelés, également modernes. Le bord supérieur est surmonté de six palmettes.

5. DIADÈME FUNÉRAIRE EN OR, de style gréco-étrusque. Formé d'une large lame estampée, dont la partie inférieure figure un méandre entre deux astragales ; le bord supérieur, à contour ondulé, est façonné en branche d'olivier.

6. Diadème en or. Lame moderne, dont le bord supérieur est surmonté, vers le milieu, de cinq beaux pendants d'oreilles antiques, de style étrusque, et plus loin, d'autres ornements modernes. Le pendant du milieu est fixé sur une pièce également antique, qui représente un lion et un sphinx estampés en haut-relief.

7. Lame d'or très-mince, estampée en forme de feuille de chêne. Fragment d'une grande couronne étrusque.

ÉCRIN N° 2.

8. Couronne funéraire étrusque en or. Composée de feuilles de fève disposées sur une bande de carton doré. En raison de leur grande ténuité, les feuilles elles-mêmes ont été doublées de carton. Le milieu de la couronne porte un bas-relief estampé représentant deux jeunes héros, armés d'une massue et paraissant converser ensemble. La couronne se termine de chaque côté par un antéfixe très-mince en or estampé.

9. Couronne d'enfant, de style étrusque et en or. Composée de petites feuilles d'olivier réunies trois à trois et parfaitement conservées. Le milieu ne porte aucun ornement.

10. Couronne étrusque en or. Composée d'une lame très-large, mais très-mince, sur laquelle on a rapporté un assemblage de feuilles de fève entremêlées de baies et de petits disques granulés. Le tout bordé d'une guirlande en feuilles de lierre. La couronne se termine de chaque côté par un bas-relief estampé, qui représente Hercule luttant contre Achéloüs, et qui est entouré de petites fleurs en relief.

ÉCRIN Nº 3.

11. COURONNE FUNÉRAIRE ÉTRUSQUE EN OR. Composée de feuilles de fève. Le milieu, disposé en rosace, est orné d'un médaillon avec une tête humaine en bas-relief. Les fermoirs sont ornés de fleurs.

12. COURONNE FUNÉRAIRE ÉTRUSQUE EN OR. Composée de feuilles de fève. Le milieu porte un disque convexe orné de quatre abeilles ciselées, disposées en croix, et alternant avec quatre glands également ciselés. Les deux masques estampés qui se trouvent aux extrémités sont modernes.

13. COURONNE FUNÉRAIRE ÉTRUSQUE EN OR. Composée de feuilles de fève et d'une rosace en relief. Le tout a été rapporté sur une lame d'or, qui se termine de chaque côté par un antéfixe estampé, également rapporté.

ÉCRIN Nº 4.

14. COURONNE ÉTRUSQUE EN OR. Formée d'une branche de laurier garnie de feuilles estampées très-minces, auxquelles on a ajouté des feuilles de lierre modernes ; le tout est fixé sur une bande de carton. Le milieu porte un bas-relief antique représentant une tête barbue avec des cornes de taureau, couronnée de feuilles de lierre modernes.

15. COURONNE ÉTRUSQUE EN CUIVRE DORÉ. Guirlande composée d'une suite très-serrée de feuilles, la plupart brisées, entremêlées de grains d'or. Au milieu une rose en or d'une conservation parfaite. Cette élé-

gante couronne fut trouvée dans une tombe décou-
verte à Vulci, par feu M. François, sur les terres de
Canino, appartenant actuellement au prince Alexandre
Torlonia (*Bull. dell' Inst. arch.* 1857, p. 103.) Il est
étonnant qu'elle n'ait pas été déformée davantage par
l'oxydation si avancée du métal, et elle présente d'autant plus d'intérêt que les ouvrages antiques en cuivre doré sont très-rares.

16. COURONNE ÉTRUSQUE EN OR. Formée de feuilles
et de fruits de laurier estampés; les-lames d'or sont
tellement minces, qu'on a dû les coller sur une feuille
de carton pour en assurer la conservation. Le milieu a
été orné d'un masque de Gorgone antique et de feuilles de rosier modernes.

ÉCRIN N° 5.

17. COURONNE ÉTRUSQUE EN OR. Formée de feuilles de
vigne et de feuilles de lierre très-délicatement tra-
vaillées, et rapportées sur une lame moderne, munie
de fermoirs en cordelé. Au milieu, un bas-relief étrusque estampé, représentant un homme qui brandit sa
dague en poursuivant une femme.

18. COURONNE EN OR. Semblable à la précédente,
mais fortement restaurée. Le plus grand nombre des
feuilles sont modernes. Au milieu, un bas-relief étrusque en or estampé, représentant un homme nu agenouillé.

19. COURONNE ÉTRUSQUE EN OR. Semblable aux deux
précédentes. Elle porte au milieu un bas-relief représentant un masque de Méduse, et se termine par deux
antéfixes estampés.

ÉPINGLES A CHEVEUX.

———

Quoique notre collection ne soit pas très-riche en épingles à cheveux, un simple coup-d'œil jeté sur l'écrin qui les renferme suffira pour donner une idée de la variété de formes que les anciens savaient donner à un objet de parure dont l'usage s'est conservé dans une grande partie de l'Italie centrale et méridionale. Elles servaient à retenir les tresses, les tours et les arrangements les plus gracieux, ainsi que les échafaudages les plus bizarres et les plus ridicules. Suivant Martial, elles préservaient, en même temps, les étoffes précieuses qui entouraient le cou des dames, du contact des cheveux fraîchement parfumés d'essences. Les poëtes érotiques et satiriques, aussi bien que les monuments de l'art, nous apprennent quelle recherche élégante, souvent capricieuse et étrange, quelquefois grotesque, les dames romaines mettaient dans leur coiffure, depuis l'invasion du luxe et des usages

asiatiques. Ovide dit à ce sujet qu'il serait plus fa-
cile de compter les glands d'un gros chêne, que
d'énumérer les divers genres de coiffure en usage
de son temps. On s'appliquait à imiter les impéra-
trices et les dames de la cour, et les coiffures à la
Poppæa, à la *Plotina*, à la *Faustina*, eurent leur
temps de vogue, comme il arriva chez nous pour
celles à la *La Vallière*, à la *Sévigné* ou à la *Pom-
padour*. Les femmes faisaient un long apprentis-
sage avant d'être jugées dignes d'exercer un art
plus compliqué alors qu'il ne l'était au temps de
Louis XIV et de Louis XV, et qui défierait le ta-
lent de nos *artistes* contemporains. Telle grande
dame comptait, parmi ses esclaves, un certain nombre de femmes dont chacune avait pour spécialité
quelqu'une de ces coiffures compliquées dans lesquelles on faisait un large usage de cheveux posti-
ches. On comprend donc que les épingles à cheveux
aient joué dans la toilette féminine un rôle très-im-
portant. Leur forme, leurs dimensions, la matière
dont elles se composaient, variaient suivant le rang,
l'âge, le costume, les circonstances particulières du
moment, le goût ou le caprice de celles qui les portaient, et les dames romaines en possédaient un nombre considérable. L'extrémité supérieure de ces épingles était quelquefois percée d'un trou où se pas-
sait le lacet destiné à séparer les cheveux de derrière
arrangés en tresses, de ceux de devant, ordinaire-

ment frisés et relevés au moyen du fer chaud. D'autres fois, elles servaient à retenir sur le sommet de la tête l'échafaudage plus ou moins élevé de la coiffure ; plus rarement enfin elles s'attachaient d'avant en arrière, de manière à séparer les cheveux en deux bandeaux semblables.

La tête de ces épingles était formée tantôt par un simple bouton de métal estampé ou ciselé, tantôt par un gland, une grenade ou une fleur ; quelquefois par une tête d'animal ou par un buste humain ; souvent par un chapiteau qui supporte un génie, un amour, une figure quelconque, ou même un groupe complet. La tige des épingles à cheveux est souvent creuse, et, dans ce cas, elle renfermait des parfums, et quelquefois du poison. Suivant Dion Cassius, Cléopâtre se serait donné la mort au moyen du poison qu'elle conservait dans une de ses épingles, et celui que l'on trouva dans les cheveux de Martina, la Brinvilliers du temps de Tibère, était peut-être aussi renfermé dans la tige creuse d'une épingle à cheveux.

II

ÉPINGLES A CHEVEUX.

—

ÉCRIN N° 6.

20. ÉPINGLE EN OR. La tête est antique et se compose d'une petite base cylindrique à bords cordelés, surmontée de trois tubes coniques ; celui du milieu porte un gland, les deux autres sont ornés d'une grenade. Quant à la tige, on ne saurait en préciser ni l'âge ni l'origine.

21. ÉPINGLE EN ARGENT, de style gréco-romain. La tête se compose d'un thyrse en forme de balustre, surmonté d'un autre balustre plus petit.

22. ÉPINGLE EN ARGENT. Formée d'une épée à deux tranchants, munie de sa garde. C'est peut-être un ouvrage du moyen âge.

23. ÉPINGLE EN ARGENT, peut-être grecque. La tête est formée par une main de Vénus qui tient une pomme (la pomme de Pâris, un des symboles ordinaires de Vénus).

24. ÉPINGLE ÉTRUSQUE EN ARGENT DORÉ. La tête se compose de trois lentilles, placées les unes au-dessus des autres, légèrement gravées, traversées par la tige même et surmontées d'un gros tambour, à bords façonnés, qui porte une tête de sanglier.

25. GRANDE ÉPINGLE EN OR, privée de sa partie inférieure. Une longue tige creuse a pour tête un chapiteau corinthien, qui porte une grenade surmontée d'une fleur de lotus. Cette épingle ne se compose que de morceaux antiques étrusco-romains; mais l'arrangement est moderne.

26. ÉPINGLE ÉTRUSQUE. Semblable à celle du n° 24, mais un peu plus petite et surmontée d'une tête de bélier.

27. ÉPINGLE EN ARGENT, de style grec très-élégant. La tige, cannelée dans sa partie supérieure, est surmontée d'une petite fleur de lotus.

28. GRANDE ÉPINGLE ROMAINE EN BRONZE. La tige, longue de 28 centimètres, est tordue en spirale dans sa partie supérieure et surmontée d'une petite main ouverte, légèrement gravée au trait.

29. ÉPINGLE EN OR. La tige antique, façonnée en thyrse, traverse un disque moderne, sur lequel on a fixé quatre boules étrusques d'un beau travail en granulé.

30. ÉPINGLE GRECQUE EN ARGENT. La tête est formée par un disque concave qui porte un gland.

31. TÊTE D'ÉPINGLE EN OR. Un Amour ailé, ciselé, tient d'une main une patère et de l'autre un *præferi-culum* (vase dont on se servait dans les sacrifices).

32. ÉPINGLE ROMAINE EN ARGENT. La tige, en partie

contournée en spirale, est surmontée d'une petite tête humaine dorée.

33. PETITE ÉPINGLE ÉTRUSQUE EN OR. La tige, longue de 4,5 centimètres, est surmontée d'un petit gland estampé.

34. ÉPINGLE ÉTRUSQUE EN OR. La tête est formée par un petit globe orné de granules.

35. ÉPINGLE ROMAINE EN OR. La tige est surmontée d'une petite boule ornée de fils cordelés.

36. ÉPINGLE ÉTRUSQUE EN OR. La tige est surmontée d'un petit lion au repos, qui tourne la tête en arrière.

37. ÉPINGLE ROMAINE EN ARGENT. La tête se compose d'un chapiteau surmonté d'une figurine de Vénus nue, qui appuie le bras gauche sur un hermès ithyphalli-que, et qui arrange sa chevelure de la main droite.

38. ÉPINGLE ÉTRUSQUE EN OR. La tête représente un petit Amour qui tient d'une main un *præfericulum* et de l'autre une patère. Il porte sur le devant du corps une ceinture ornée de petits grains et pose sur un petit globe façonné à côtes.

39. ÉPINGLE ROMAINE EN ARGENT. La tige est surmon-tée d'un chapiteau corinthien qui porte une figurine de Vénus à demi nue.

40. ÉPINGLE ÉTRUSQUE (?). Une courte tige en or est surmontée d'une petite tête de femme en terre cuite dorée.

41. ÉPINGLE ROMAINE EN ARGENT. La tête se compose d'un chapiteau surmonté d'une figurine de Vénus appuyée à un tronc d'arbre, avec un petit Amour à ses côtés.

42. ÉPINGLE EN OR composée de pièces étrusques et romaines. La tête est formée d'un disque bordé d'un astragale et surmonté d'une petite base sur laquelle on a fixé quatre glands en or estampés, de style romain.

43. ÉPINGLE ROMAINE EN ARGENT. La tige est surmontée d'un chapiteau qui porte une figurine d'Harpocrate.

44. ÉPINGLE ROMAINE EN OR. La tête se compose d'un chapiteau et d'un enfant ailé (un Amour) qui joue de la flûte de Pan, et qui pose sur une petite base rectangulaire.

45. ÉPINGLE GRECQUE EN OR ESTAMPÉ. La tête, en forme de thyrse, est séparée de la tige par un petit gorgerin bordé d'astragales. Le tout est très-bien conservé.

46. ÉPINGLE ROMAINE EN IVOIRE. La tige est surmontée d'un petit globe, de même matière, recouvert d'or.

47. ÉPINGLE ÉTRUSQUE d'une époque de décadence. La tête est formée par un globe façonné à jour et orné de petites bandes.

48. TÊTE D'ÉPINGLE EN ARGENT représentant Vénus nue avec une draperie qui flotte au-dessus de sa tête. La main gauche s'appuie sur un sceptre, tandis que son bras droit s'étend au-dessus d'un Amour ailé qui tient d'une main un miroir et de l'autre une patère en forme de feuille.

49. TÊTE D'ÉPINGLE (?) EN ARGENT représentant un petit coq.

50. TÊTE D'ÉPINGLE EN ARGENT représentant une figurine d'Harpocrate.

PENDANTS D'OREILLES.

———

C'est surtout dans les pendants d'oreilles que
triomphe l'orfévrerie étrusque, et que les ouvriers
de l'Italie centrale ont le mieux montré la richesse,
la grâce, l'inépuisable abondance de leur imagination, ainsi que les ressources d'un art qu'ils ont
porté à sa perfection. Il y a peu d'objets naturels
ou artificiels, animés ou inanimés, qu'ils n'aient
mis à contribution pour orner ces gracieux bijoux,
et nous espérons vivement que l'exemple de ces
parfaits modèles contribuera à ramener notre orfévrerie à des traditions d'art et de bon goût qu'elle
paraît perdre de plus en plus. Les résultats excellents
obtenus à Rome par MM. Castellani, en imitant la
plupart des bijoux de cette collection, sont faits
pour encourager dans cette voie nos habiles ouvriers, et il ne dépend que d'eux de doter la France
d'une industrie dans laquelle nos dispositions naturelles nous feraient bientôt exceller. L'ornementation de ces pendants d'oreilles est très-riche et

très-variée. Des fleurs, des fruits, des animaux réels ou fantastiques, des amphores et autres vases de toutes formes, des disques, des cornes d'abondance, s'entremêlent à des rosaces, à des houppes, à des croissants, à des boules, à des chaînettes de tout travail et de toute grosseur, et se groupent de mille manières, au gré de la capricieuse imagination de l'artiste. D'autres fois, ce sont des têtes d'hommes ou d'animaux, des Amours, des Génies, dans les poses les plus variées, assis, ou debout, ou couchés, tantôt sur un cygne, tantôt sur un dauphin ou sur une colombe. Des grenats, des émeraudes opaques, des boules de pâte de verre, des émaux dont les couleurs sont d'une délicatesse exquise, relèvent encore la beauté de ces bijoux. C'est surtout dans les pendants d'oreilles dits *à selle*, et dans ceux de l'écrin n° 9, que l'on trouvera des exemples admirables de perfection de travail et d'élégance de forme ; ils datent de la meilleure époque de l'art étrusque ; mais, jusque bien avant dans la décadence, les ouvrages de cette nature ont conservé une beauté relative qui s'explique, sans doute, par l'importance que les femmes ont toujours donnée à cet ornement.

Les pendants d'oreilles funéraires étrusques se distinguent, comme tous les autres bijoux mortuaires, par leurs très-grandes dimensions. En revanche, ils ne sont jamais massifs, et sont formés de lames d'or excessivement minces. Le culte des morts était un des dogmes principaux de la religion des populations de l'Italie centrale, et le positif Étrusque trouvait ainsi moyen de se donner les apparences d'un luxe pieux qui n'avait au fond que très-peu de réalité.

Les pendants d'oreilles de travail romain sont moins variés de formes, d'une exécution moins soignée et moins délicate que ceux de fabrication étrusque; mais la profusion de pierres, de perles et de pâtes de verre, masque, jusqu'à un certain point, la pauvreté du travail et le manque d'élégance de la disposition générale.

III

PENDANTS D'OREILLES.

—

ÉCRIN N° 7 (1).

51. PENDANTS D'OREILLES FUNÉRAIRES ÉTRUSQUES, d'une grandeur extraordinaire, en or estampé. La partie inférieure, de forme ovale, est ornée d'une lentille centrale, vers les bords, de sept lentilles plus petites, et, plus haut, d'un masque. La partie supérieure est formée par une sorte de croissant garni de deux gros astragales séparés l'un de l'autre par un filet. Tous ces ornements sont au repoussé.

52. PENDANTS D'OREILLES ÉTRUSQUES EN OR, plus petits et d'un travail plus simple. Une sorte de conque, bordée latéralement d'un astragale, est surmontée d'une lame, estampée en forme de croissant et cordelée. La partie inférieure de la conque est ornée de quatre lentilles dont trois, disposées en pyramide renversée,

---

(1) Dans cet écrin et dans beaucoup d'autres, les objets sont disposés en lignes parallèles, et les numéros se succèdent de gauche à droite. Les deux pièces qui composent une même paire sont *ordinairement* placées d'une manière symétrique, c'est-à-dire à droite et à gauche du milieu de la ligne.

sont garnies d'un groupe de quatre petits grains d'or arrangés d'une manière semblable (1).

53. PENDANT D'OREILLE FUNÉRAIRE ÉTRUSQUE EN OR, de forme, de grandeur et de travail semblables à ceux du n° 51. Le milieu est orné de deux masques de femme, et le croissant de deux chevaux marins conduits par un homme.

54. PENDANTS D'OREILLES ÉTRUSQUES EN OR. Formés d'une feuille ovale estampée, dont le bord est orné d'un astragale et l'intérieur d'un demi-disque en haut-relief, qui s'élève perpendiculairement à la surface de la feuille.

55. PENDANTS D'OREILLES ÉTRUSQUES EN OR. Un grand anneau élargi en forme de trompette est orné de dessins estampés, et se termine, à une de ses extrémités, en une lentille bordée d'un astragale.

56. PENDANTS D'OREILLES ÉTRUSQUES EN OR. Un grand anneau d'une forme semblable à celui du n° 55 est orné d'un foudre ailé et de deux dauphins estampés et ciselés. Il porte un anneau plus petit, dans l'intérieur duquel est suspendu un vase orné de dessins estampés d'une grande élégance.

57. PENDANTS D'OREILLES ÉTRUSQUES EN OR. Une conque est surmontée d'une lame estampée en forme de croissant et ornée d'un gros astragale. La conque porte à sa partie inférieure quatre lentilles disposées et ornées comme celles du n° 52.

58. PENDANT D'OREILLE EN OR. L'anneau à surface

---

(1) La quatrième lentille se trouve à la surface *postérieure* du pendant et n'est point garnie de grains. La même remarque s'applique aux n°ˢ 57, 61, 62, 63, 64 et 67.

unie porte un gland estampé. La cupule, découpée en lobes, est couverte de petits grains en relief. L'extrémité et le milieu des bords latéraux du gland même sont ornés d'un petit groupe composé de quatre grains d'or.

59. PENDANT D'OREILLE EN OR. Simple anneau bombé, creux, à surface complétement unie.

60. PENDANTS D'OREILLES EN OR. Un anneau incomplet, en forme de corne, est orné de dessins à bords cordelés.

61. PENDANTS D'OREILLES EN OR. L'anneau, de forme semblable à celui du n° 60, est orné de feuilles en granulé. Au-dessous quatre lentilles disposées et ornées d'un groupe de quatre grains d'or, comme celles des n°s 52 et 57.

62. PENDANTS D'OREILLES EN OR. Forme et disposition semblables à celles du n° 61, avec la différence que l'anneau est uni et que les lentilles sont concaves.

63. GROS PENDANTS D'OREILLES ÉTRUSQUES EN OR. Une large conque, ornée de dessins légèrement gravés au trait, porte à sa partie inférieure quatre lentilles garnies d'un groupe de petites boules comme celles des n°s 52, 57 et 61.

64. PETITS PENDANTS D'OREILLES ÉTRUSQUES EN OR, du travail le plus élégant. La conque, richement façonnée en cordelé, en fils et en grains d'or, est ornée à sa partie inférieure de quatre lentilles semblables à celles des n°s 52, 57, 61 et 63. La partie supérieure porte une lame d'or, estampée en forme de croissant.

65. FRAGMENT D'UN PENDANT D'OREILLE ÉTRUSQUE EN OR. Anneau bombé, orné de dessins en granulé.

66. PETITS PENDANTS D'OREILLES EN OR. Anneau en forme de bague; la surface creusée à deux sillons, le bord orné d'un astragale.

67. PENDANT D'OREILLE EN OR. Anneau massif, à surface unie, garni à sa partie inférieure d'un groupe de quatre lentilles semblables à celles des nos 51, 57, 61, 63 et 64.

ÉCRIN N° 8.

68. PENDANTS D'OREILLES ÉTRUSQUES EN OR, en forme de selle. Façonnés en fil plat et en cordelé avec quelques restes d'émaux. La surface est ornée d'une tête de sphinx estampée, de type égyptien, mais de travail étrusque.

69. PENDANTS D'OREILLES ÉTRUSQUES EN OR, de même forme et d'un travail semblable, en fils plats et cordelés; ils sont ornés de petits émaux et de fleurs en lames minces enchâssées dans de petits carrés garnis d'astragales, de cordelé et de granulé.

70. PENDANTS D'OREILLES ÉTRUSQUES EN OR, de même forme. Garnis de fils cordelés, de mamelons granulés et d'autres ornements : tête de taureau, fruits en granulé, méandres et fleurs.—Trouvés, à ce que l'on croit, à Chiusi (l'ancienne Clusium).

71. PENDANT D'OREILLE ÉTRUSQUE EN OR, de même forme. La surface est ornée d'un disque central entouré de quatre autres disques semblables, mais un peu plus petits, qui alternent avec des fleurs en fines lames d'or. Le bord extérieur de tous ces disques est garni de petits anneaux en fil d'or disposés en forme de bourrelet; le tout d'un travail très-délicat. L'extrémité inférieure se termine par un antéfixe orné de deux sphinx estampés.

72. PENDANTS D'OREILLES ÉTRUSQUES EN OR, de même forme, également munis d'un antéfixe. Le tout en cordelé d'un travail moins pur.

73. PENDANTS D'OREILLES ÉTRUSQUES EN OR, de même forme (1), façonnés en cordelé et en émail, et ornés de fleurs en minces lames d'or et de petites boules enchâssées. L'extrémité antérieure se termine par une bande rectangulaire garnie d'émail et bordée d'un cordelé avec trois mamelons d'or.

74. PENDANT D'OREILLE ÉTRUSQUE EN OR, de forme et de disposition semblables à ceux du numéro précédent, mais un peu plus grand.

75. PENDANT D'OREILLE ÉTRUSQUE EN OR, de même forme. Entièrement composé d'ornements en cordelé ; au milieu une petite demi-boule granulée. L'extrémité antérieure porte un antéfixe semi-circulaire, bordé d'un astragale et orné d'une fleur en relief composée d'un bourrelet de petits anneaux en fil d'or avec du granulé au centre.

76. PENDANT D'OREILLE ÉTRUSQUE EN OR, de même forme. Le carré principal de la surface se subdivise en neuf autres carrés dont cinq portent un mamelon granulé, et les quatre autres une petite boule ornée de cordons d'or. L'antéfixe demi-circulaire est bordé d'un astragale et garni de dessins cordelés et de granules d'une finesse et d'une perfection étonnantes.

---

(1) Les deux pièces de la paire sont séparées l'une de l'autre par le pendant suivant.

77. Pendant d'oreille étrusque en or, de même forme et de disposition semblable. Neuf petits carrés garnis chacun d'une petite boule granulée. L'antéfixe, également semi-circulaire, est bordé de trois astragales et orné d'une fleur.

78. Pendants d'oreilles étrusques en or, de même forme (1). La surface, ornée de cinq disques et de quatre fleurs disposés et façonnés comme ceux du n° 71. L'extrémité antérieure est garnie d'un élégant antéfixe orné de deux coqs affrontés en or estampé.

79. Pendant d'oreille étrusque en or, de forme et de disposition semblables à ceux des n°s 76 et 77. Neuf petits carrés, dont cinq renferment un mamelon granulé, et quatre un mamelon uni. L'antéfixe est bordé d'un astragale.

80. Pendant d'oreille étrusque en or, de forme et de disposition semblables à ceux des n°s 73 et 74, mais un peu plus petit. La bande inférieure est ornée d'un astragale et de granulé d'une grande finesse.

81. Pendant d'oreille étrusque en or. De forme et de disposition semblables à ceux des n°s 73, 74 et 80. La surface est ornée d'une fleur en lamelles d'or, entourée d'un carré formé de petites boules dont plusieurs sont tombées.

82. Petit pendant d'oreille étrusque en or. La forme et la disposition semblables à celles des n°s 73, 74, 80 et 81; mais l'extrémité antérieure ne porte pas de bande émaillée.

---

(1) Par exception, le deuxième pendant est placé plus bas, seul, sur la troisième ligne, et noté 82 *bis*.

82 *bis*. C'est l'un des deux pendants décrits n° 78.

83. Pendant d'oreille étrusque en or. L'anneau représente une corne d'abondance façonnée en torsade, garnie d'une collerette avec astragale et ornée à l'extrémité d'une tête de veau ciselée.

84. Pendant d'oreille étrusque en or. D'une forme semblable à celui du numéro précédent, avec la différence que l'extrémité est ornée d'une petite tête de lion.

85. Pendants d'oreilles étrusques en or. Corne d'abondance formée d'une torsade de fils et ornée d'une collerette d'où sort une tête de nègre en ambre, de travail évidemment moderne. Cette tête porte une coiffure formée de petites boucles d'or irrégulièrement disposées, et ressemblant assez aux perruques du siècle dernier.

86. Pendants d'oreilles étrusques en or. Semblables à ceux du numéro précédent, avec la différence que la tête d'ambre est antique et très-corrodée, que la coiffure se compose de petits grains d'or, et qu'elle est bordée d'un petit astragale qui lui donne un caractère très-particulier.

87. Pendants d'oreilles étrusques en or, semblables à ceux des n°ˢ 85 et 86. La tête d'ambre, antique et très-corrodée comme celle du n° 86, est couverte d'une coiffure en or, très-bien conservée et façonnée en tresses cordelées.

88. Petit pendant d'oreille étrusque en or, en forme de selle. Orné de petits mamelons séparés les uns des autres par de petits grains d'or.

89. Pendants d'oreilles étrusques en or. L'anneau, en forme de corne d'abondance, se compose d'une torsade de quatre tresses d'or, et se termine par une tête de femme avec des cheveux bouclés.

90. PENDANT D'OREILLE ÉTRUSQUE EN OR. Anneau formé par une corne d'abondance dont l'extrémité inférieure est unie; la partie supérieure, ciselée en torsade, se termine par un sphinx avec de grandes ailes ciselées. Les ornements sont en grains d'or et en cordelé.

91. PENDANT D'OREILLE ÉTRUSQUE EN OR. Anneau en corne d'abondance, orné à son extrémité supérieure d'une tête d'animal dont les yeux perforés étaient probablement garnis d'émail.

92. PENDANT D'OREILLE ÉTRUSQUE EN OR. Anneau massif et ciselé en corne d'abondance. Il se termine des deux côtés par une tête de lion.

93. PENDANT D'OREILLE ÉTRUSQUE EN OR. Anneau en corne d'abondance. Toute la surface est couverte de spirales en cordelé. L'extrémité supérieure, d'un travail très-élégant, est ornée d'émail noir.

94. PENDANT D'OREILLE ÉTRUSQUE EN OR. Anneau en corne d'abondance façonnée en torsade et ornée d'une collerette. L'extrémité supérieure porte une tête de lion avec des yeux ciselés.

95. PENDANT D'OREILLE ÉTRUSQUE EN OR. Semblable à celui du nº précédent, mais un peu plus petit.

96. PENDANT D'OREILLE ÉTRUSQUE EN OR. Anneau en corne d'abondance façonnée en torsade dont les cordons sont composés de plusieurs fils tordus. Elle est ornée d'une collerette avec gorge et astragale. L'extrémité supérieure se termine par une tête de lion ciselée avec des yeux en creux.

97. PENDANT D'OREILLE ÉTRUSQUE EN OR. Semblable à

celui du n° 95, avec la différence que la collerette est formée de feuilles et que la tête de lion est estampée.

98. Pendant d'oreille étrusque en or. La corne d'abondance, qui forme l'anneau, est façonnée en spirale cordelée et ornée d'une collerette et de grains d'or. L'extrémité supérieure se termine en tête de lion.

99. Pendant d'oreille étrusque (?) en or. L'anneau, en corne d'abondance, est beaucoup plus grand que ceux des seize n°ˢ précédents. La surface façonnée en tresses séparées l'une de l'autre par un filet. L'extrémité supérieure est ornée d'une grosse tête de taureau, ornée pour le sacrifice et portant une bulle sur le front. Cet ouvrage n'est pas d'un style très-pur.

100. Pendant d'oreille étrusque en or. Formé d'un anneau massif, orné d'une boule et d'une demi-figure humaine ailée jouant de la flûte et s'élevant au-dessus d'un chapiteau ionique un peu fruste.

ÉCRIN N° 9.

101. Pendant d'oreille étrusque en or. Double rosace à cinq feuilles; la rose intérieure unie, l'extérieure en granulé, entourée d'un cercle et d'un astragale auquel sont suspendues latéralement deux chaînettes terminées en houppe, et au bas une troisième avec une amphore ornée de grains.

102. Pendants d'oreilles gréco-étrusques en or. Une rosace en or granulé, ornée au centre d'une perle d'ambre, porte inférieurement une colombe en émail blanc orné d'or. Ils sont en mauvais état. — Trouvés dans une tombe de Vulci. (*Bull. dell' Inst. arch.*, 1857, p. 103.)

103. Pendants d'oreilles étrusques. Un cygne en

émail blanc, la tête d'un bleu verdâtre et les ailes de couleurs diverses, est attaché à une rosace émaillée. — Ils sont brisés en plusieurs endroits.

104. Pendants d'oreilles étrusques. Un petit coq en émail blanc orné d'or est suspendu à une rosace en or semblable à celle du n° 101. Une chaînette vient s'attacher plus haut, de chaque côté du coq, au bord latéral de la rosace.

105. Pendants d'oreilles gréco-étrusques. Une élégante grappe de raisin, formée de petites perles d'émail avec une tige en or, est suspendue à un disque en or, garni vers les bords de godrons faits à jour, et au centre d'une fleur émaillée bordée d'un astragale. — Ces charmants pendants d'oreilles ont été trouvés à Vulci. (*Bull. dell' Inst. arch.*, 1857, p. 103.)

106. Pendants d'oreilles gréco-étrusques. Un cygne en émail blanc, le bec, les ailes, les pattes et la queue en or, est suspendu à une riche rosace entourée d'un bourrelet composé de petits anneaux en fils d'or et de godrons émaillés. De chaque côté du cygne trois chaînettes de formes diverses terminées en sonnette, en pointe conique ou en petite amphore, et attachées au bord latéral de la rosace. — Ces admirables pendants d'oreilles ont été trouvés également à Vulci. (*Bull. dell' Inst. arch.*, 1857, p. 103.)

107. Pendant d'oreille. Cet ouvrage, d'une exquise élégance, est formé d'un paon en verre bleu transparent ; la queue et les ailes sont ornées d'émaux et de fils d'or en astragale très-délicat. Il est suspendu à une rosace en or, ornée au centre d'une fleur en relief et portant latéralement deux chaînettes, terminées par de gracieuses houppes cordelées.

108. PENDANTS D'OREILLES ÉTRUSQUES EN OR. Un grenat de forme ronde est entouré d'un chaton, formé de cercles concentriques en astragale et en fil avec un bord dentelé et granulé. Un vase, dont le corps est en grenat avec des ornements en or, vient s'attacher au bord inférieur du chaton et porte latéralement deux chaînettes composées de perles fines et de nœuds d'or. Deux autres chaînettes, terminées l'une en pointe ovale, l'autre en clochette, viennent s'attacher des deux côtés du chaton. Ce dernier avait probablement perdu une de ses chaînettes primitives qu'on a remplacée par une autre de forme différente, mais également antique.

109. PENDANTS D'OREILLES ÉTRUSQUES EN OR. Disposition semblable à celle du n° 108. Un grenat rond est entouré d'un chaton, en fil plat et en astragale, à bord radié ou dentelé. Il porte de chaque côté deux chaînettes terminées en clochettes godronnées et cordelées, et au bas un grenat rond orné à sa partie supérieure et inférieure d'une espèce de cupule en cordelé et en grains d'or.

110. PENDANT D'OREILLE INCOMPLET EN OR. Il n'en reste qu'une sorte de petite coupole dont le centre et le bord sont garnis de chaînettes terminées en perles de verre.

111. PENDANTS D'OREILLES EN OR. Disque bordé d'un astragale et orné au centre d'une tête de Méduse en bas-relief. Une grosse perle fine, placée entre deux petites cupules d'or, est suspendue au bord inférieur du disque et porte à son tour un groupe de petites chaînettes terminées chacune par une perle de verre garnie de deux cupules d'or.

112. PENDANTS D'OREILLES EN OR très-élégamment disposés. Croissant bordé, à sa partie supérieure et inférieure, d'une suite d'anneaux disposés en astragale, et garni, aux deux extrémités, d'une palmette en cordelé. Au-dessus du croissant s'élève le char du soleil conduit par le dieu lui-même, qui a la tête radiée. Au-dessous est suspendu une sorte de coupole (θόλος) ornée de fleurs et de feuilles en cordelé et supportant cinq groupes de chaînettes terminées en palmettes, en rosettes et en amphore, ou en perles de verre rouge. La chaînette du milieu de l'un des pendants porte une perle de verre rouge avec une zone d'émail blanc. Les divers groupes sont séparés l'un de l'autre par de petites amphores. De chaque côté du croissant une Victoire ailée dont un des pieds pose sur la coupole, et qui porte d'une main un trophée, et de l'autre une fleur. — Ces admirables pendants d'oreilles ont été trouvés dans une tombe de Bolsena (l'ancienne Vulsinii).

113. PENDANT D'OREILLE ÉTRUSQUE. Un croissant en or, orné de cordelé, d'un astragale, de granulé et d'émail bleu verdâtre, porte un grenat également en croissant, entouré d'un chaton dentelé. Au-dessus du croissant deux dauphins supportent une sorte de fleur de lotus ornée d'émail bleu, et sont séparés l'un de l'autre par un chaton dégarni de sa pierre ou de son émail.

114. PENDANT D'OREILLE D'UN STYLE DOUTEUX, mais en tout cas d'une époque de décadence. Un grenat enchâssé auquel est suspendu un vase également en grenat, garni d'or. Le revers du vase, entièrement couvert d'or, est orné d'un masque.

115. PENDANT D'OREILLE ÉTRUSQUE EN OR. Rosace en cordelé et en astragales. De chaque côté deux chaî-

nettes terminées en houppe et en pointe ovale. Une
perle fine, surmontée et terminée par un ornement
d'or, est suspendue au bord inférieur de la rosace.

116. PENDANT D'OREILLE EN OR. Un disque concave,
orné d'une rosace et bordé de plusieurs séries d'astragales, porte de chaque côté deux chaînettes, l'une
en or, l'autre en or et en perles fines. Au milieu est
suspendue une topaze montée.

117. PENDANTS D'OREILLES ROMAINS EN OR. Rosace ornée
au centre d'une fleur, et portant de chaque côté deux
chaînettes, terminées en clochette et en pointe. Une
amphore à base carrée est suspendue au bord inférieur.

118. PENDANTS D'OREILLES GRÉCO-ÉTRUSQUES d'une forme
assez semblable à celui du n° 113. Un demi-cercle en
or, garni de petits chatons dépourvus de leur pierre
ou de leur émail, porte vers le haut un grenat, en forme
de croissant, entouré d'un chaton dentelé. De chaque
côté de la pièce principale, deux chaînettes de formes
différentes terminées en pointe émaillée et en clochette.
Le pendant du milieu est formé par une amphore en
grenat, entourée d'une garniture de fils d'or cordelés.
Les deux petites anses du vase sont également en or et
d'une forme très-élégante. — Trouvés à Vulci. (*Bull.
dell' Inst. arch.*, 1857, p. 103.)

119. PENDANT D'OREILLE EN OR. Semblable à ceux
du n° 118, avec la différence que l'agrafe supporte un
simple ornement de grains d'or, et que la pièce demi-
circulaire porte latéralement des chaînettes terminées
en houppe, et au bas une amphore ornée d'or granulé.

120. PENDANT D'OREILLE ÉTRUSQUE EN OR. Le disque
concave, semblable à celui du n° 116, est bordé de plu-

sieurs astragales et de fils cordelés. Au centre, une fleur en relief avec un petit chaton vide. De chaque côté du disque une chaînette ; comme pendant du milieu, un ornement en forme de chapiteau triangulaire, composé de trois petits Amours qui soutiennent l'abaque.

121. PENDANT D'OREILLE ÉTRUSQUE EN OR. Rosace façonnée à jour, et bordée de godrons, d'astragales et de fils cordelés. Il est dégarni de ses ornements accessoires. — Trouvé à Vulci.

122. PENDANT D'OREILLE EN OR. Un disque en spirale cordelée, le bord orné de quatre grains d'or, avec un cinquième au centre, supporte à sa partie inférieure un petit vase terminé en pointe de flèche, et de chaque côté une petite chaînette. — Il est restauré.

123. PENDANT D'OREILLE EN OR. Rosace d'un travail élégant, ornée de chaque côté d'une chaînette, et à sa partie inférieure, d'une amphore.

124. PENDANTS D'OREILLES ROMAINS EN OR ESTAMPÉ. Lentille radiée, à laquelle est suspendue une longue goutte cannelée, en forme de massue, et terminée en une autre lentille radiée.

125. PENDANTS D'OREILLES ROMAINS. Un grenat taillé en forme de cœur est bordé de fils d'or cordelés, et porte à sa partie inférieure quatre petits groupes composés de cinq grains d'or.

126. PENDANTS D'OREILLES EN OR, de style gréco-étrusque. Un bouclier, ressemblant à la *pelta* des Amazones et orné au centre d'une élégante tête d'enfant en relief, porte à sa partie inférieure une pyramide triangulaire renversée, terminée par une petite pomme. — Trouvés dans la tombe de Vulci, souvent mentionnée. (*Bull. dell' Inst. arch.* 1857, p. 103.)

127. Pendant d'oreille en or, de style étrusque. Rose à cinq feuilles granulées, entourée d'un cercle qui porte de chaque côté une petite chaîne terminée en clochette. A la partie inférieure, une amphore surmontée d'une couronne et ornée de grains d'or et de fils cordelés.

128. Pendant d'oreille en or, de style étrusque. Un disque orné de quatre rosaces concentriques et radiées; le tout en cordelé d'une grande finesse.

ÉCRIN N° 10.

129. Pendant d'oreille romain en or. Une colombe estampée, avec une collerette de grains d'or; la queue et les pattes en astragale.

130. Pendants d'oreilles étrusco-romains en or, semblables à celui du n° 129. Deux petits grains de raisin en verre opaque sont suspendus aux pattes de la colombe.

131. Pendants d'oreilles en or. Semblables à ceux des deux n°s précédents, mais dépourvus de leur agrafe. Les ailes de la colombe sont dessinées en cordelé. Les pattes de l'une des colombes sont dégarnies de leur ornement formé de deux doubles perles en or.

132. Pendant d'oreille de style étrusque en or. Un Amour ailé, le corps entouré d'un feston, tient dans sa main droite une patère, et dans sa main gauche élevée le *præfericulum*.

133. Pendant d'oreille de style étrusque en or.

Un disque en astragales, orné d'une fleur centrale en cordelé, porte de chaque côté une chaînette terminée en houppe, et à sa partie inférieure une colombe. Cette dernière est restaurée.

134. PENDANTS D'OREILLES ROMAINS. Une perle fine dans un chaton en fil d'or est suspendue à un anneau d'or.

135. PENDANT D'OREILLE ROMAIN EN OR. Un disque avec une petite perle centrale porte trois autres perles plus grosses, dont une à son bord supérieur, et deux suspendues à sa partie inférieure. L'anneau, orné d'un grain d'or, se termine lui-même par une petite perle fine.

136. PENDANT D'OREILLE EN OR. Semblable à celui du n° 132, mais plus petit. Un Amour ou un enfant joue de la syrinx (flûte de Pan).

137. PENDANT D'OREILLE EN OR. Semblable à ceux des n°s 132 et 136. Le corps de l'enfant est entouré d'un feston composé de petits grains ; sa tête est ornée d'une couronne (corona tortilis); il porte une patère dans sa main.

138. PENDANT D'OREILLE EN OR, de style étrusque. Un enfant joue de la syrinx; sa tête est ornée d'une couronne de forme particulière (corona torculata). Le corps de l'enfant est fait au repoussé.

139. PENDANT D'OREILLE. Un grenat enchâssé dans un disque d'or qui porte de chaque côté une chaînette, et entre elles un enfant ailé qui joue de la syrinx.

140. PENDANTS D'OREILLES EN OR, de style grec. Deux

enfants ailés avec une chlamyde sur l'épaule ; l'un d'eux joue de la flûte, l'autre verse de son *præfericulum* un liquide dans une patère. Les agrafes manquent.

141. PENDANT D'OREILLE ÉTRUSQUE EN OR. Un disque, de forme ovale, auquel s'attache l'agrafe, porte un enfant ailé (un Amour) tenant d'une main une patère et de l'autre un *præfericulum*. La figurine est semblable à celles des n⁰ˢ 132 et 140.

142. PENDANT D'OREILLE ROMAIN EN OR. Une corne d'abondance, formée d'une torsade de fils d'or, est surmontée d'un enfant dont le corps est entouré d'une ceinture. Il élève le bras gauche et tient dans sa main droite un *alabastrum* (1) de forme ronde.

143. PENDANT D'OREILLE ROMAIN EN OR. Un Amour ailé dont le dos porte une agrafe en fils d'or tressés.

143 *bis*. PENDANT D'OREILLE EN OR. Semblable à celui du n° 143 ; mais l'Amour est un peu plus grand et son corps est entouré d'une ceinture.

144. PENDANT D'OREILLE. Un petit Amour ailé, en or, est à cheval sur une colombe en grenat, qu'il tient en bride.

145. PENDANT D'OREILLE ROMAIN EN OR. Un Amour ailé, le corps entouré d'une ceinture et la tête ornée d'une *tænia*, danse en tenant un feston de ses deux mains. La grandeur extraordinaire de ce pendant (il pèse 42 grammes) fait supposer qu'il a pu servir d'ornement à une statue colossale.

146. PENDANTS D'OREILLES EN ARGENT. Gros anneau

---

(1) L'*alabastrum* est un petit vase fait en pierre dure, le plus souvent en onyx, et destiné à recevoir les parfums et les essences. On lui donnait ordinairement la forme d'un bouton de rose.

de profil circulaire, renflé vers le milieu. Le bord extérieur est garni de deux glands. Il porte à sa partie inférieure un chaton vide. La surface est ornée de cinq bandes plates façonnées en tresses. L'un des pendants a perdu son chaton et ses glands.

147. PENDANTS D'OREILLES EN ARGENT. Gros anneau dont une moitié est unie et l'autre façonnée en tresse.

148. PENDANTS D'OREILLES EN ARGENT. Gros anneau dont une moitié est ornée de trois rangs de grains.

149. PENDANT D'OREILLE EN ARGENT. Gros anneau dont une moitié est unie et l'autre façonnée en tresse épaisse.

150. PENDANTS D'OREILLES EN ARGENT. Simple anneau à surface unie.

151. PENDANT D'OREILLE EN OR. Rosace, en fils d'or cordelés, qui supporte latéralement deux chaînettes et au bas un petit ornement brisé.

152. PENDANT D'OREILLE EN OR. Gland romain antique, mais restauré, orné de trois chaînettes.

153. PENDANT D'OREILLE EN OR. Simple anneau en fil d'or, qui porte une lentille en ambre dont la surface est un peu corrodée.

154. PENDANTS D'OREILLES EN ARGENT. Gros anneau dont la surface est ornée de trois bandes en tresses et en astragale et de quatre astragales en relief.

155. PENDANTS D'OREILLES EN OR. Un disque concave, en fils cordelés tournés en spirale, porte latéralement deux chaînettes, et à sa partie inférieure une troisième ornée d'une boule façonnée à jour en cordelé. Ouvrage d'orfévrerie napolitaine moderne.

156. PENDANTS D'OREILLES EN OR. Une tête de lion es-

tampée, antique et bordée d'une tresse en cordelé, est
unie à un disque échancré qui porte trois pendants
terminés en grains de raisin.

157. PENDANT D'OREILLE EN ARGENT. Corne d'abondance cannelée, terminée en tête de loup.

158. PENDANT D'OREILLE ROMAIN EN ARGENT. Enfant
qui danse et qui porte d'une main une couronne. Il tient
de l'autre main un vase en forme de gobelet.

ÉCRIN N° 11.

159. PENDANT D'OREILLE EN OR, de l'époque carlovingienne. Il se compose d'un grand anneau dont la
moitié est ornée d'un astragale et auquel est suspendue
une espèce de petite corbeille, de forme hémisphérique, façonnée à jour. Elle est couverte d'un disque,
en cordelé et en grains d'or, garni d'un chaton central
qui a perdu sa pierre.

159 *bis*. PENDANT D'OREILLE EN OR, de la même époque. Composé également d'un grand anneau ouvert
dont la moitié est garnie de trois rangs de grains d'or.
La petite corbeille hémisphérique, également façonnée
à jour, est ornée de deux bandes croisées, composées
de petits anneaux en fil d'or. Le disque qui la recou-
vre est garni de mamelons, et porte au centre un chaton
qui renferme une perle fine.

160. PENDANT D'OREILLE EN OR, de la même époque.
Anneau ovale complet dont la partie antérieure est
garnie d'une série de petits disques en fils plats, tournés
en spirale et terminée par un grain d'or. La corbeille

hémisphérique qu'il porte est façonnée à jour en gros fil d'or et couverte d'un disque, semblable à ceux de l'anneau, mais orné d'une fleur centrale composée de petits anneaux disposés en forme de bourrelet.

160 *bis*. Pendants d'oreilles en or, de la même époque. Forme et disposition générales semblables à celles des trois numéros précédents. L'anneau est couvert de grains d'or ; le disque qui couvre la corbeille est orné de globules disposés en croix, mais le reste de la surface est complétement uni.

161. Pendant d'oreille en or, de style byzantin. Un grand anneau ouvert, dont la moitié antérieure est ornée de trois pierres et de petits anneaux, porte un disque façonné à jour en feuillages cordelés et garni d'émaux rouges et verts.

162. Pendant d'oreille en or, de l'époque carlovingienne. Un anneau, à surface unie, porte une corbeille à jour qui est couverte d'un disque orné d'une pâte de verre bleu.

162 *bis*. Pendant d'oreille en or, de la même époque, assez semblable à celui du n° 162. La moitié antérieure de l'anneau est entourée de grains d'or. La corbeille à jour qu'il porte est couverte d'un disque orné au centre d'un grenat.

163. Pendant d'oreille en or, de la même époque. Un anneau, dont une moitié est unie et l'autre façonnée, porte une corbeille à jour avec un disque plat orné d'un astragale et de grains d'or.

164. Pendants d'oreilles en or, d'une époque et d'un style inconnus. Anneau orné d'un assemblage bizarre de cornes et d'autres dessins divers. Il se termine en

une tête fantastique et porte deux chatons garnis d'un grenat. C'est peut-être un bijou hongrois du siècle passé.

165. PENDANTS D'OREILLES EN OR, de l'époque carlovingienne. L'anneau, orné de trois grains d'or, porte une corbeille à jour dont le disque est garni de festons en fil d'or cordelé.

166. PENDANT D'OREILLE, DE STYLE ORIENTAL, EN OR. Une petite agrafe porte un grand ornement, en forme d'ogive, orné de quatre grenats et de deux émaux. Deux groupes, composés chacun de deux petites boules, viennent s'attacher au bord inférieur de cette pièce.

167. PENDANTS D'OREILLES EN OR. Une agrafe ornée de six petits grenats carrés porte un disque garni d'un grenat central et de quatre autres grenats disposés en croix. Une petite pierre taillée en forme d'olive est suspendue au disque.

168. PENDANT D'OREILLE EN OR. Une agrafe, dont la moitié antérieure est ornée de trois rangs de grains d'or, porte une espèce de bouclier ou d'écusson garni de quatre grenats et bordé de tresses cordelées. Une grosse perle fine est suspendue au bord inférieur du bouclier.

169. PENDANT D'OREILLE EN OR, d'une époque de décadence. Une agrafe, ornée d'un grenat et d'une pâte de verre taillée en forme de feuille ovale, porte une boule d'or estampée et ciselée, à laquelle est suspendue une perle fine.

170. PENDANT D'OREILLE EN OR. Une agrafe est ornée d'un chaton garni d'un grenat.

170 *bis*. PENDANT D'OREILLE EN OR. Simple anneau en fil d'or très-mince..

171. PENDANT D'OREILLE EN OR. Anneau à surface unie, auquel est suspendue une émeraude opaque de forme prismatique.

172. PENDANT D'OREILLE EN OR. Un anneau orné de trois boules en fil d'or porte à sa partie inférieure un morceau de verre rond.

173. PENDANT D'OREILLE, DE STYLE ORIENTAL, EN OR, semblable à celui du n° 166. La petite agrafe, ornée de grains, porte une pièce de forme ogivale garnie d'un grenat, d'émaux et de fils cordelés. Trois groupes, composés chacun d'une perle fine, d'une petite boule et d'un grain d'or, viennent s'attacher aux extrémités inférieures de cette pièce.

174. PENDANT D'OREILLE ROMAIN EN OR. Une lame de forme quadrangulaire, dont la surface est couverte de feuilles en relief, porte au centre une petite émeraude opaque percée d'un trou.

175. PENDANT D'OREILLE EN OR. Semblable à celui du n° 172, avec la différence que l'anneau ne porte qu'une seule boule.

176. PENDANT D'OREILLE EN OR. Un anneau d'or terminé en tête d'animal porte comme pendant une petite tête barbue en argent.

177. PENDANT D'OREILLE EN OR. Une agrafe est ornée d'un chaton renfermant un saphir.

178. PENDANT D'OREILLE EN OR. Une agrafe, ornée d'un chaton avec une émeraude carrée, porte un petit pendant en lapis-lazuli de forme ovale.

ÉCRIN N° 11 *bis*.

178 *bis*. GRANDS PENDANTS D'OREILLES EN OR, d'ancien style étrusque et d'un genre semblable à ceux du n° 56. L'anneau principal, assez déformé, se termine à son extrémité élargie par une lentille estampée, placée entre deux bandes légèrement annelées et garnie d'un astragale. Toute la surface antérieure de l'anneau est couverte de dessins estampés et ciselés et bordée de deux petits tubes creux en fil uni et en astragale. A quelque distance de la lentille, un peu plus bas, une fleur à six pétales en relief porte un petit anneau formé de deux agrafes en fil d'or ingénieusement entrelacées. Un anneau plus grand composé de quatre petits tubes creux, dont trois en astragale, passe dans l'intérieur du premier et porte à son tour un petit vase à anses surmonté de deux belières et orné de grains d'or, de godrons en fil plat et, à sa face antérieure seulement, de six petites fleurs en relief. Le bord des petits anneaux et des belières, visiblement usé par le frottement du grand cercle qui passe dans leur intérieur, indique que ces pendants d'oreilles, malgré leur grande dimension, n'étaient point un simple ornement mortuaire. L'un des deux anneaux principaux est incomplet; il a souffert évidemment par le feu et le vase a perdu une de ses fleurs. — Ces intéressants pendants d'oreilles ont été trouvés en 1849 par MM. François et Des Vergers dans une nécropole près de l'embouchure de la *Cécina* dans les maremmes de la Toscane.

179. COLLIER ÉTRUSQUE EN OR. Six demi-lentilles or-

nées d'un bas-relief estampé, représentant une figure
nue à demi couchée, alternent avec cinq autres demi-
lentilles plus grandes, ornées d'une tête de Minerve
vue de profil, également estampée. Toutes ces lentilles sont reliées entre elles par deux chaînettes,
tressées en fil d'or cordelé, qui s'attachent à la partie
supérieure et inférieure du bord de chaque lentille, et
portent chacune une petite demi-lentille ornée d'un
masque estampé. Une troisième chaînette semblable
vient s'attacher et se suspendre en feston au-dessous
de chacune des onze lentilles principales, et porte à
son tour une petite demi-lentille couverte de granulé.
Les deux pièces extrêmes, de forme également circulaire, mais à surface plate, sont ornées d'un profil estampé de Minerve et garnies, l'une d'un anneau et
l'autre d'une agrafe.

COLLIERS.

Nos dix-huit écrins, renfermant des colliers de
toutes formes, de toutes grandeurs et de matières
diverses, les uns complets, les autres en fragments,
prouveront, d'une part, combien l'usage de ces bijoux était répandu, dans l'antiquité, chez les dames
et même chez les plus jeunes filles (1), de l'autre,
quelle variété les anciens savaient mettre dans leur
composition et dans leur ornementation. — Ces
colliers se composaient, soit de simples fils d'or
tressés ou contournés en nœuds ou en agrafes, soit
d'une série de grains d'ambre, de grenats ou d'é-
meraudes (auxquels on supposait des vertus médicales particulières), soit de perles fines, de pâtes de
verre ou d'émaux entremêlés par groupes ou alternant avec des boules, des amphores, des glands,
des coquilles, des têtes d'homme ou d'animaux en
or ciselé ou estampé. Quelquefois cette première
série est accompagnée de deux autres qui descendent

(1) Voir le collier n° 180.

plus bas, jusque sur la poitrine; mais, plus fréquemment, c'est un nombre variable de chaînettes qui viennent se suspendre à la chaîne principale ou s'y attacher en festons. Le milieu du collier porte généralement un pendant de dimensions plus grandes. Tantôt c'est une fleur, une tête d'animal ou un scarabée ; d'autres fois, un morceau de silex taillé en pointe de flèche ou en foudre. Ces sortes de pierre, qui se retrouvent aussi dans d'autres ornements, étaient des amulettes et avaient une signification particulière dans la céraunoscopie, c'est-à-dire dans la science fulgurale des augures étrusques. Souvent enfin, le pendant du milieu est formé par une *bulle* d'or, ornée de bas-reliefs ciselés ou estampés. On désigne sous ce nom de *bulle* un ornement de forme ronde, plat ou lenticulaire, dont l'intérieur creux renfermait ordinairement quelque amulette (comme celle du n° 254), et qui est toujours surmonté d'une large belière qui lui permet de glisser le long de la chaîne principale du collier, tandis que les autres pendants sont généralement fixés. Chez les Romains, la bulle d'or était la marque distinctive des jeunes patriciens, qui la portaient jusqu'à l'âge de treize ou de quatorze ans, époque à laquelle ils quittaient la *prætexta* pour prendre la *toga* (1).

---

(1) Les enfants appartenant aux classes inférieures et ceux des affranchis portaient une bulle en cuir.

Mais plusieurs monuments nous prouvent que la *bulle* était également en usage chez les Étrusques, et peut-être les Romains l'ont-ils empruntée à leurs voisins, comme ils ont fait pour une foule d'autres détails de leur vie privée ou publique.

On remarquera la richesse de cette collection en colliers formés d'or et d'émeraudes, pour lesquels les anciens avaient une prédilection qui fait l'éloge de leur goût, car il est certain que l'association du vert de l'émeraude et du jaune de l'or est de l'effet le plus brillant et le plus heureux. Ces pierres précieuses provenaient en partie de l'Inde ; mais les anciennes mines d'émeraudes découvertes par M. Cailliaud dans la Haute-Égypte, vers les bords de la mer Rouge, font supposer que les Grecs et les Étrusques, comme les Hébreux, les tiraient surtout de ce pays (1).

Quant à la délicatesse et à la perfection du travail qui distinguent la plupart des objets réellement étrusques, il suffit, pour s'en convaincre, de jeter les yeux sur l'admirable tête, n° 198.

Les élégants colliers gréco-étrusques, n° 192-194, méritent une mention toute particulière. Ils réunissent à une très-belle conservation le rare avantage de n'avoir pas passé par la main des marchands, qui

____

(1) L'émeraude taillée et gravée figure dans la première série de pierres qui ornaient le pectoral du grand-prêtre.

ont, presque sans exception, la déplorable habitude de remanier les bijoux et d'y ajouter des pièces, les unes antiques, les autres modernes, qui dénaturent toujours le caractère primitif de l'objet. Ce sont MM. François et Noël Des Vergers qui ont eu le bonheur de les découvrir dans une tombe de Vulci, ainsi qu'un certain nombre d'autres objets indiqués dans ce catalogue comme ayant la même provenance.

Les *torques* ou colliers d'hommes forment une classe particulière et bien distincte. Ils se composent toujours d'un cercle d'or massif, d'un diamètre variable, ciselé en torsade et terminé par deux bouts qui se croisent en formant agrafe. On sait, par l'histoire de Manlius, surnommé Torquatus, que les chefs gaulois portaient ce genre de collier. La statue du Capitole, nommée mal à propos le Gladiateur mourant, ainsi que le groupe dit d'Arria et de Pætus, à la villa Ludovisi, nous présentent en effet des guerriers celtes ornés du *torques*, qui se retrouve aussi sur plusieurs monuments gaulois. Mais une statuette de bronze, représentant un jeune Étrusque avec un collier semblable, nous permet de croire que ce collier n'était pas employé uniquement par les Celtes. D'autres peuples le portaient peut-être. C'était alors, soit une récompense décernée pour quelque haut fait militaire, soit une simple imitation d'une mode gauloise.

Le *torques* n° 261, si petit et si léger comparati-
vement aux autres, semble indiquer que les enfants
eux-mêmes portaient parfois ce collier.

Quant aux ambres et aux scarabées qui se trouvent dans plusieurs colliers, nous renvoyons nos
lecteurs aux introductions spéciales consacrées à ces
objets.

IV.

COLLIERS.

—

ÉCRIN Nº 12.

179 *bis.* Pièce détachée d'un collier étrusque. Une pomme de pin en or estampé termine un col assez allongé, auquel s'attachent deux anses en fil d'or d'un travail élégant.

180. Collier étrusque en or, composé d'une chaîne plate en tresses, dont le bord inférieur est orné de petites boules et qui porte, à sa partie supérieure, une suite de palmettes et de glands estampés. Des chaînettes de longueurs diverses sont suspendues à la chaîne principale et portent à leur tour, en commençant par le milieu : une fleur de lotus, des harpies, des glands, des têtes de Méduse et des palmettes. Cet élégant petit collier fut trouvé à Cæré sur les restes d'une jeune fille. Une partie de la mâchoire y adhère encore.

181. Collier gréco-étrusque, formé d'un assemblage

de vingt-trois beaux scarabées en cornaline, tous de même couleur, mais de grandeurs diverses. La surface plate du revers porte, gravés en creux, les motifs suivants :

1° Une bête à corne.

2° Une panthère qui se défend.

3° Deux lions au repos. Le scarabée est brisé et la gravure en est peu profonde.

4° Une figure assise qui élève la main. Dans le champ, une étoile.

5° Une figure agenouillée. La gravure est moins soignée que celle des autres pièces de ce collier.

6° Un satyre qui joue de la double flûte.

7° Une panthère qui déchire un taureau.

8° Un athlète qui s'essuie la jambe avec le *strigile* (espèce d'étrille en usage chez les athlètes pour enlever l'excédant d'huile dont ils se frottaient le corps) (1).

9° Un éphèbe (jeune homme), revêtu d'une chlamyde, s'apprête à porter un coup sur la tête d'une harpie.

10° Mercure, portant dans sa main droite un long caducée, et de la main gauche le pétase ailé.

11° Un bige (char à deux chevaux) avec son conducteur.

12° Deux sphinx affrontés au repos. Au-dessus d'eux, un Pégase.

13° Hercule nu et debout, avec son arc et sa massue.

14° Une figure nue, avec un cerf à ses côtés.

---

(1) On verra avec intérêt dans les collections de ce musée deux *strigiles* en argent, ainsi que quelques-uns de ces objets en bronze.

15° Un cavalier.

16° Diane, avec deux animaux dans ses mains, et un autre à ses pieds.

17° Un guerrier, armé d'un bouclier et d'une lance, qui s'enfuit.

18° Un guerrier, armé d'un bouclier, qui puise de l'eau dans un vase.

19° Une tête de Méduse, avec de grandes ailes. De longs serpents s'échappent du haut de sa tête.

20° Une biche.

21° Un cerf qui semble brouter.

22° Un quadrupède qui se défend.

23° Une amphore à anses.

Tous ces scarabées, garnis de beaux chatons d'or façonnés à ornements divers en cordelé, en astragales et en granulé, sont surmontés chacun d'une petite belière, bordée de deux fils, et alternant avec une suite de boules d'or. Ces dernières, d'une délicatesse et d'une perfection de travail étonnantes, sont ornées les unes de granules d'une grosseur parfaitement uniforme qui couvrent toute la surface, les autres d'astragales et de godrons parsemés d'un granulé pour ainsi dire microscopique; d'autres enfin portent des dessins divers en fil d'or et en granulé. Le tout se termine par deux agrafes très-élégantes, ornées de dauphins estampés. Ce collier, d'un travail admirable, peut-être unique dans son genre, fut trouvé à Vulci; mais, par suite de la destruction du fil qui les unissait, les différentes parties dont il se compose étaient complétement isolées les unes des autres. En les rassemblant, on les avait entremêlées de quelques pièces modernes qu'on a jugé à propos d'enlever, afin de mieux faire ressortir la disposition et la beauté primitives de cet ouvrage. On s'est servi, pour cette restitution, d'un collier semblable qu'on a trouvé à Pérouse et qui fait partie de la collection de M. Castellani, à Rome.

182. COLLIER ÉTRUSQUE EN OR ET EN GRENATS, composé
de disques de grenat alternant avec des boules d'or.
Le milieu porte un ornement, en or estampé, couvert
partiellement de granules ; il représente un buste humain, les mains croisées sur la poitrine, et se termine
à sa partie inférieure en une sorte de coquille.

183. COLLIER GREC EN OR. De petites amphores, dont
le corps est uni, mais dont le col et la belière sont
cordelés, alternent avec de petites boules unies.

184. COLLIER ROMAIN EN OR, formé de vingt et une
rosettes antiques fixées, pour leur donner de la solidité,
sur des disques de nacre modernes et enchaînées avec
des fleurons ornés de lentilles estampées. La rosette du
milieu, plus grande que les autres, est fixée au centre
d'un disque garni de fleurs et d'ornements divers en
relief.

<h3 style="text-align:center">ÉCRIN N° 13.</h3>

185. PETITE AGRAFE ÉTRUSQUE EN OR GRANULÉ, d'un
travail très-riche. Elle est formée de deux gros fils
ornés d'un lion ailé placé entre deux demi-boules. Par
suite d'un accident survenu probablement lors de sa
fabrication, un peu de métal fondu, sorti de l'intérieur, est resté adhérent à la surface.

186. COLLIER ÉTRUSQUE EN OR, formé d'une série de
onze demi-boules alternant avec dix demi-cylindres,
le tout orné de cordelé et de granulé d'un travail fort

délicat. La demi-boule du milieu supporte un pendant
en forme d'ancre renversée, couvert de granules plus
gros et terminé par un morceau de silex en pointe de
flèche (1). Les pendants des autres boules se composent, en commençant par le milieu : 1º de quatre ornements en forme de deux boucliers d'amazone unis
par leur base avec une fleur au milieu; 2º de deux
figures ailées (des harpies?); 3º de quatre têtes de
bélier. Toutes ces pièces sont couvertes d'un granulé
plus ou moins bien·travaillé. Ce collier, ainsi que celui du nº 185, se trouve décrit dans les *Annali dell'
Inst. arch.*, 1855, p. 51, et représenté dans les *Monum.*,
1855, pl. X; mais, depuis cette pu'.lication, on a enlevé
les pièces modernes qu'on y avait ajoutées mal à propos.

187. Collier étrusco-romain en or, composé d'une
suite de quatorze antéfixes estampés, en forme de
palmettes, qui alternent avec seize petits mamelons
d'or, tous surmontés de petites belières cylindriques
qui forment la chaîne principale. Le pendant du milieu est plus grand que les autres et représente une
pomme de pin.

188. Collier d'or, composé de dix disques antiques
estampés, à surface radiée, ornés à leur centre d'une
pierre fine ou d'un émail et alternant avec des demi-
boules surmontées d'un petit disque plat, en spirale cordelée, orné de cinq grains. A chacun des disques principaux est suspendu un ornement, en forme de lyre,
bordé d'un fil cordelé et terminé par une demi-boule.
Le pendant du milieu est formé par un masque antique de style étrusque, entouré d'un large bord go-

---

(1) Voir la notice en tête du chapitre.

dronné et portant lui-même un petit pendant de forme assez indéterminée. Plusieurs des demi-boules sont modernes.

189. COLLIER ÉTRUSQUE EN ÉMAIL ET EN OR, formé d'un grand nombre de petits anneaux d'émail bleu, entre-mêlés vers les extrémités de douze petites boules d'or, et, vers le milieu, de six petits cylindres annelés en or estampé, dont chacun porte comme pendant une figure humaine à mi-corps, en argent également estampé. Le tout est de style archaïque.

ÉCRIN Nº 14.

190. BULLE ÉTRUSQUE EN OR estampé, surmontée d'une large belière et ornée d'un bas-relief représentant un enfant allaité par une jument, et auprès de lui une jeune fille qui le regarde.

191. COLLIER ÉTRUSQUE EN OR. Composé de fils tressés et terminé par deux fermoirs en forme de grenouilles.

192. COLLIER GRÉCO-ÉTRUSQUE EN OR. La chaîne se com-pose d'une série de nœuds en fil d'or qui alternaient avec des perles de verre dont il ne reste plus que sept. Elle se termine par deux agrafes ornées d'un dauphin estampé.

193. COLLIER GRÉCO-ÉTRUSQUE EN OR. D'un genre sem-blable à celui du nº précédent, avec la différence que le travail en est plus délicat, et que chaque nœud al-terne avec une perle de verre. Une bulle d'or couverte de granules assez gros est suspendue au milieu.

194. COLLIER GRÉCO-ÉTRUSQUE EN OR. Formé de quinze

groupes composés chacun d'une perle d'ambre placée
entre deux boules d'or, et séparés l'un de l'autre par
des nœuds en fil d'or d'une plus grande dimension
que ceux des deux nᵒˢ précédents. Chaque extrémité
est garnie d'une agrafe surmontée d'un dauphin estampé; celle de droite se termine par un grand ornement en forme de roue, avec un grenat au centre.
Ce collier, ainsi que les trois précédents, a été trouvé
dans la tombe de Vulci, décrite dans le *Bull. dell'
Inst. arch.*, 1857, p. 103.

ÉCRIN Nᵒ 15.

195. COLLIER ÉTRUSQUE EN OR. Formé d'une triple série de petits rhombes, unis six à six et bordés d'un fil
cordelé, avec un petit grain d'or aux angles. A chaque
groupe est suspendu un petit gland ; les trois groupes
du milieu font exception et portent quatre pointes de
flèche , dont deux sont attachées à la pièce centrale.
Comme ce collier est incomplet, et que le Musée bri-
tannique en possède un autre, formé d'éléments semblables, mais arrangés et complétés par une main moderne (Smith, *Diction. of greek and rom. antiq.*, nᵒ 621),
il se pourrait bien que ces deux pièces eussent primitivement fait partie d'un seul et même collier.

196. GRAND COLLIER ÉTRUSQUE EN OR, dépourvu de ses
pièces extrêmes. Il se compose d'une première série de demi-olives séparées les unes des autres par des
boules, les unes lisses, les autres façonnées, et par des
belières cordelées qui portent des vases de forme très-
arrondie, avec un col cylindrique uni. Le milieu et les
extrémités des olives sont ornés de cordonnets, d'ova-

les et de demi-ovales en fils cordelés. La seconde série est formée par huit têtes ciselées munies de petites, cornes (peut-être la tête idéalisée d'Io) et séparées l'une de l'autre par de petites boules, les unes granulées, les autres estampées et ciselées. Entre les boules est une rosette dont les pétales sont bordés de fils cordelés d'une grande finesse, et qui porte une coquille marine de forme conique. Une autre rosette semblable se trouve au dessus des huit têtes, qui portent chacune à leur partie inférieure une rosette plus simple à laquelle s'attache un gland ou une amphore. Le pendant du milieu est formé par une sorte de pomme de pin suspendue à une chaînette.

197. Collier grec en or. Composé d'une chaîne plate en bandes tressées d'une grande finesse. Les extrémités sont garnies d'un ornement particulier, composé d'une bande plate, subdivisée en cinq par des fils cordelés, et surmontée d'un cordonnet disposé en forme de triangle avec une fleur au milieu. Le bord inférieur de la chaîne est garni d'un grand nombre d'élégantes rosettes auxquelles sont suspendues de petites amphores. Cet intéressant échantillon d'orfévrerie grecque est d'ailleurs parfaitement conservé.

198. Collier étrusque en or. Tête barbue avec des cornes et des oreilles de taureau (1). La face est ciselée,

---

(1) C'est *Bacchus-Hébon* ou quelque fleuve divinisé que plusieurs monnaies de Naples et de Sicile représentent avec un corps de taureau et une figure humaine barbue, munie de cornes. On sait que le taureau joue un grand rôle dans les représentations symboliques de l'antiquité, et plusieurs auteurs anciens pensaient même que le nom d'*Italie* dérivait du mot *viteliu* (bœuf, taureau) et qu'il avait été donné à ce pays en raison de sa grande richesse en troupeaux de

la barbe couverte de granules excessivement fins ; les
cheveux sont faits de fils d'or tournés en spirale et
terminés chacun par un petit grain. En guise de couronne, le front est entouré d'un cordon recouvert,
comme la barbe, d'un granulé très-fin. La tête est suspendue par une belière à un cordon de fils tressés terminé par une agrafe. Ce bijou, d'un travail exquis et
parfaitement conservé, peut être considéré comme un
des plus beaux de la collection.

199. COLLIER ÉTRUSQUE EN OR. Formé d'une première
série de petites boules de grandeurs diverses et d'une
seconde série de trente-cinq boules plus grosses, dont
dix-neuf unies, les autres hérissées de pointes excessivement fines, toutes suspendues par deux petits anneaux au cordon de la première série, et ornées à la
partie inférieure d'un petit grain d'or.

ÉCRIN N° 16.

200. PARTIE DÉTACHÉE D'UN COLLIER ÉTRUSQUE EN OR.
Composée de deux pièces semblables, en forme de tra-
pèze, ornées d'un bas-relief, représentant un sphinx,
et réunies par une double agrafe.

201. COLLIER ÉTRUSQUE EN OR. Formé de huit demi-
glands estampés, dont la plupart alternent avec d'autres ornements en forme de vase, et qui en sont séparés par des lentilles. Le pendant du milieu est formé
d'un ovale en or estampé, représentant un Amour ailé
qui tient un dauphin dans la main droite.

---

bêtes à corne. — La même remarque s'applique aux têtes cornues
des nᵒˢ 14, 203, 216, etc.

202. COLLIER ÉTRUSQUE EN ARGENT, d'une forme très-bizarre. Composé d'une série de vingt boules lisses, séparées de quatre en quatre par une harpie ciselée. Dans chaque groupe, les deux boules du milieu portent une amphore à col triangulaire, surmontée d'une belière recouverte de fils rapportés. Cet objet parfaitement conservé a de plus, comme tous les colliers d'argent, le mérite d'être d'une grande rareté.

203. COLLIER ÉTRUSCO-ROMAIN EN OR, formé d'une série de boules. Les quatre du milieu sont granulées, d'autres sont unies, d'autres enfin sont estampées; elles sont séparées l'une de l'autre par un ornement composé de petites boules agglomérées; quelques-unes d'entre elles sont granulées. Le pendant du milieu est formé par un scarabée en onyx entouré d'un chaton d'or auquel est suspendu un masque d'homme cornu.

204. COLLIER ÉTRUSQUE EN OR ET EN ÉMERAUDES. Formé de quatre demi-glands, de trois demi-coquilles et de quatre ornements en forme d'amphore. Chaque pièce est séparée de la suivante par deux boules, les unes façonnées, les autres unies, et par une émeraude de forme prismatique.

ÉCRIN Nº 17.

205. COLLIER ÉTRUSQUE EN OR. Composé de figures estampées de sphinx, de harpies et de têtes humaines, qui supportent une ou deux petites coquilles bivalves. Le pendant du milieu est orné d'un bas-relief représentant un sanglier assailli par une panthère. Ce collier, fortement restauré, renferme même un assez grand nombre de petites coquilles modernes.

206. COLLIER ÉTRUSQUE EN OR, fortement restauré. Il se compose : 1° d'une grande bulle à surface convexe radiée, avec un centre très-saillant; 2° de six bulles latérales plus petites et en partie modernes, toutes ornées d'une tête de Jupiter (?) vue de profil ; enfin de deux petites bulles extrêmes, dont la surface est garnie d'un fil cordelé roulé en spirale. Toutes ces bulles sont surmontées d'une belière et séparées l'une de l'autre par des boules, les unes ciselées, les autres unies.

207. COLLIER ROMAIN EN OR ET EN PERLES FINES. Composé d'une série de seize feuilles estampées, qui portent chacune une petite perle, et de dix-huit rhombes également estampés, séparés les uns des autres par une perle plus grande. Une petite figurine en or est suspendue aux deux perles du milieu. La chaîne principale porte neuf autres chaînettes disposées en festons. Chacun de ces festons se compose de deux grains d'or, de quatre perles, de deux rhombes et d'une feuille centrale semblable à celles de la grande chaîne.

208. COLLIER EN OR. Formé de pièces étrusques entremêlées de quelques imitations modernes. Cinq ornements, en forme d'amphore à surface unie, surmontés d'une belière, alternent avec six autres amphores plus petites et façonnées. Chacune de ces onze pièces est séparée de la suivante par quatre petites boules.

ÉCRIN N° 18.

209. PIÈCE DÉTACHÉE D'UN COLLIER ÉTRUSQUE (?), représentant un dauphin en or estampé. Le corps est couvert de fils cordelés, contournés en demi-ovales qui simulent des écailles de poisson.

210. COLLIER ÉTRUSQUE EN OR ET EN ÉMERAUDES. Composé d'une série de trente-deux émeraudes opaques, la plupart prismatiques, alternant avec des boules d'or. Parmi ces dernières, les huit plus grandes, placées vers le milieu, sont façonnées en cordelé et en granules d'un travail exquis; les autres sont complétement unies.

211. COLLIER ÉTRUSQUE EN OR ET EN ÉMERAUDES. Composé d'un assemblage de vingt-huit émeraudes opaques alternant avec vingt-deux amphores en or estampé, surmontées d'une tête humaine et d'une belière ornée de gros grains au repoussé (aux extrémités et au milieu les émeraudes ne sont point séparées par des amphores). Le pendant du milieu se compose d'un scarabée en cornaline brûlée, couvert à sa face inférieure de signes hiéroglyphiques et enchâssé dans un chaton. Ce dernier porte à son tour un petit globe en émeraude opaque surmonté d'une couronne en perles d'or, et terminé par un cône couvert de granules.

212. COLLIER ÉTRUSQUE EN OR ET EN ÉMERAUDES. Composé de vingt-cinq émeraudes opaques, alternant avec des groupes de trois boules lisses, dont deux sont placées l'une à la suite de l'autre, tandis que la troisième, d'une dimension plus grande, forme triangle avec elles. Les plus grosses boules des six groupes du milieu sont ornées à leur partie inférieure de grains d'or. Le pendant principal est formé par une tête de lionne en or ciselé, la gueule ouverte, avec deux dents en relief.

213. GRAND COLLIER ÉTRUSQUE EN OR ET EN ÉMERAUDES. Formé d'une première rangée de trente-quatre émeraudes opaques, séparées l'une de l'autre par de petits

coulants d'or qui sont garnis, au milieu, de gros grains et, vers les extrémités, d'un élégant travail en fils d'or. Cette chaîne principale porte quatorze festons de grandeurs diverses, composés de quarante-trois émeraudes opaques entremêlées de petites boules d'or à surface unie. Le feston du milieu renferme des coulants façonnés à jour comme ceux de la chaîne principale. Dix de ces festons supportent, comme pendant du milieu, une bulle lenticulaire; deux autres portent chacun une sorte d'amphore garnie d'une riche belière et ornée de godrons en fils cordelés; deux enfin ont pour pendant une tête de femme ciselée en haut-relief, ornée d'une couronne de fleurs, d'un collier granulé et de boucles d'oreilles en perles fines. Sur les dix bulles, les plus petites, au nombre de quatre, sont entièrement lisses et placées vers les extrémités; deux ont le bord orné de fils et d'astragales; deux autres sont estampées et radiées, et les deux les plus rapprochées du milieu portent un bas-relief ciselé représentant l'un une tête d'homme barbu, l'autre une tête de femme, de profil et dirigées en sens opposé. Enfin deux petites lentilles à surface unie s'attachent à la chaîne principale dont le pendant du milieu, ciselé en haut-relief, représente une tête barbue avec des cornes de taureau, de style plus archaïque que le reste (1). Ce collier d'une grandeur extraordinaire ne se compose, il est vrai, que de morceaux antiques; mais, comme ils sont de styles divers, il est très-probable que la disposition actuelle de l'ensemble est moderne.

---

(1) Voir la note du n° 198.

ÉCRIN Nᵒ 19.

214. Deux pièces rectangulaires d'un collier (?) **étrusque.** La surface est couverte de feuilles d'or très-minces et ornée d'un bas-relief estampé de style archaïque, représentant l'un et l'autre un homme et une femme qui paraissent converser ensemble.

215. Bulle en or, d'une forme bizarre, à surface cannelée, ornée de dessins en granules. Elle est surmontée d'une belière.

216. Collier en argent. Composé d'ornements en forme d'amphores, qui alternent avec des disques, les uns couverts de cordelé, les autres ornés de têtes humaines avec des cornes de taureau. Chacune de ces pièces est séparée de la suivante par une petite boule unie et surmontée d'une belière façonnée. Les disques cordelés et la grande amphore du milieu sont modernes; le reste est de travail étrusque.

217. Grand collier en or. Formé d'une première série de petites olives, garnies à leurs extrémités de petites cupules et séparées l'une de l'autre par une boule. Vingt festons de longueurs diverses, mais d'une composition semblable à celle de la chaîne principale, viennent s'y attacher et portent dix bulles, dont huit sont modernes, et dix grosses boules dont les deux les plus rapprochées du milieu sont ornées à leur partie inférieure d'une petite pomme. Des deux festons du milieu, disposés en arcs concentriques, celui du haut est orné d'un pendant en pâte de verre bleu, représentant un sanglier, et garni d'un élégant chaton à bord godronné. Le feston inférieur porte une bulle d'or avec le buste en haut-relief d'un enfant qui pose le doigt sur sa bouche. Sur les dix autres bulles, les deux plus petites sont entièrement unies ; les huit autres, munies d'un bord cordelé. L'arrangement actuel de ce collier est tout à fait moderne, et les pièces antiques elles-mêmes accusent une époque de décadence.

ÉCRIN Nº 20.

218. Pièce détachée d'un collier en or. Composée d'une rosace très-élégante, à laquelle est fixée une pièce d'or massif en forme de fer à cheval. La rosace, garnie de jolis ornements en fil d'or, porte à la surface postérieure une petite belière.

219. Partie d'un collier en or. Composée d'une série de boules unies, alternant avec des disques lenticulaires estampés à bords dentelés. Le milieu porte une bulle ornée au centre d'une fleur moderne composée de fragments antiques.

220. Collier en grenats et en or. Formé de petites lentilles de grenat percées d'un double trou et séparées l'une de l'autre par un grain d'orge en or placé entre deux petites boules du même métal. Vers les extrémités, les grains d'orge sont remplacés par des globules. Le pendant du milieu est formé par un ornement composé d'une figure de femme nue en or estampé, surmontée d'un grenat qui porte une fleur de lotus.

221. Collier en grenats et en or. Formé d'un assemblage de trente disques de grenat, alternant avec de petites boules d'or, dont deux, les plus rapprochées du milieu, sont couvertes d'un granulé très-fin. Le pendant se compose d'un ornement élégant, en forme de fleur, auquel s'attache une sorte de fer à cheval en or, qui porte à son tour un petit grenat surmonté d'une fleur.

ÉCRIN N° 21.

222. COLLIER EN OR ET EN VERRE, composé d'un assemblage d'ornements de forme, de travail et de style différents : poissons, lézards, coquilles, grenouilles, souris, têtes humaines et fleurs de lotus en or estampé, entremêlés d'anneaux de verre bleuâtre. Le tout est disposé avec une certaine symétrie sur plusieurs rangées de fils d'or antiques. Le pendant du milieu est formé d'une pâte verte avec une tête de style égyptien, complétement semblable à celle du n° 718, et garnie, comme cette dernière, d'un large bord en or estampé.

223. COLLIER EN OR ET EN PIERRES DIVERSES, formé de différentes pierres antiques percées, taillées à facettes et entremêlées de quelques pièces d'orfévrerie napolitaine moderne. Ces dernières avaient été ajoutées mal à propos au beau collier décrit au n° 181.

224. COLLIER formé d'un assemblage de pierres diverses, les unes antiques, les autres modernes.

ÉCRIN N° 22.

225. GROSSE PERLE EN VERRE bleu foncé, tigré de blanc.

225 *bis.* DIX FRAGMENTS DE COLLIERS (?) EN ARGENT

DORÉ, en forme de grosses larmes allongées, dont quatre sont accouplées et garnies d'une agrafe. Les deux paires du milieu sont ornées chacune d'une fleur en relief. Sur les six pendants simples, un seul est muni d'une agrafe.

226. COLLIER EN PERLES DE VERRE ET EN OR, formé d'un assemblage de grosses perles en pâte verdâtre, ocellées de taches blanches et bleues et alternant avec des perles semblables plus petites, dont elles sont séparées par des lentilles d'or radiées. Le pendant du milieu se compose d'un gros gland estampé, et chaque extrémité est ornée d'une perle d'or.

227. COLLIER EN VERRE ET EN OR, d'un genre semblable à celui du n° 226. Au milieu, un amulette en pâte de verre foncé, représentant une tête de bélier; les yeux, les oreilles et les cornes sont en pâte blanche. Les perles voisines sont séparées les unes des autres, d'abord par deux grosses boules à côtes en or estampé, plus loin par quatre cylindres annelés, également estampés, auxquels s'attachent des groupes composés de six petites boules d'or disposées en double pyramide, dont la base carrée est bordée d'une torsade de fils d'or. Enfin, les dix perles placées aux extrémités alternent avec des ornements en or de formes diverses. Parmi les pièces dont se compose ce collier, quelques-unes sont entièrement modernes, d'autres ont été retouchées.

228. COLLIER EN PERLES DE VERRE, formé d'un assemblage de cinquante-neuf grosses perles de verre antique, de formes, de grandeurs et de couleurs variées.

ÉCRIN N° 23.

229. COLLIER EN TOPAZES ET EN PERLES FINES. Vingt topazes antiques alternent avec vingt perles fines.

230. COLLIER EN PERLES DE VERRE, formé de vingt-deux grosses perles romaines en verre bleu façonnées à côtes.

231. COLLIER EN OR ET EN GRENATS, composé d'une rangée de quatorze grenats antiques de formes variées et d'une perle de verre rouge qui alternent avec de petites boules d'or modernes retirées du collier n° 181.

232. COLLIER EN OR ET EN PERLES DE VERRE, formé d'un assemblage de vingt-quatre perles de verre bleu opaque à côtes, alternant avec de petites boules romaines, à dessins variés, en or estampé et ciselé. Les perles et les boules vont en grossissant vers le milieu, auquel s'attache un amulette antique égyptien en pâte de verre verdâtre. Il est taillé en forme d'amande et travaillé à jour; la belière et les deux têtes de bélier dont il est orné sont un moderne ouvrage napolitain.

ÉCRIN N° 24.

233. COLLIER D'AMBRE, formé d'un assemblage de onze boules, dont neuf alternent avec huit cylindres. A chaque extrémité, deux boules sans cylindre intermédiaire.

234. COLLIER EN AMBRE ET EN OR, composé de gros grains et de trois amulettes d'ambre corrodés, alternant avec des boules et huit amphores en or estampé. Ce collier renferme un assez grand nombre de pièces modernes.

235. COLLIER ÉTRUSQUE EN AMBRE, formé d'un assemblage de trente-quatre grosses perles et de trois amulettes très-corrodés.

236. COLLIER D'AMBRE, composé de huit perles d'une grosseur extraordinaire, alternant avec sept gros cylindres.

ÉCRIN N° 25.

237. CLOCHETTE EN OR, de forme octogone, surmontée d'un anneau. Chacune des faces porte une des lettres du mot ΓΑΥΔΕΝΤΙ (Gaudentius?). L'émail dont elles étaient incrustées s'est en partie conservé.

238. DEUX PIÈCES ISOLÉES, EN OR ESTAMPÉ. Un bouton plat, muni de son petit anneau, et un ornement en forme de bouclier.

239. ÉPINGLE D'OR, UNIE.

240. COLLIER EN OR, EN LAPIS-LAZULI ET EN PERLES DE VERRE, formé de six gros grains de lapis-lazuli qui occupent le milieu et qui sont suivis d'un côté de huit, et de l'autre de sept perles de verre bleu. Chaque extrémité se termine par deux anneaux de verre verdâtre. Les perles de verre alternent avec des boules façonnées à jour en fil d'or cordelé. Ces dernières avaient été ajoutées à tort au collier n° 181.

241. COLLIER EN OR ET EN PIERRES FINES, formé d'une

suite de dix-huit groupes; chacun d'eux se compose
de deux feuilles en or, unies par leur pétiole. Sur ces
trente-six feuilles, vingt-quatre sont ornées de petits
grenats, les autres de petites émeraudes opaques,
tous garnis d'or de manière à simuler des fruits ronds.
Chacun de ces groupes est séparé du suivant par une
émeraude ou par un grenat, à l'exception des deux
groupes moyens entre lesquels se trouve un saphir
brut. Le tout est d'une origine et d'une époque in-
connues.

242. Collier en or et en pierres fines, composé d'un
assemblage de grenats et de morceaux de verre bleu,
alternant avec des boules d'or à côtes, couvertes en
partie de granulé. Le milieu est formé par un disque
d'or dont le centre, convexe et saillant, est façonné
en cordelé et porte un chaton garni d'une améthyste.
Le reste de la surface est orné de cinq autres chatons
qui renferment diverses pierres fines. L'origine et l'âge
de ce collier sont également inconnus.

243. Collier en or et en émeraudes, composé de
huit émeraudes opaques, séparées l'une de l'autre par
de petites boules et des ornements de forme particulière en fils d'or. Au milieu s'attache un large médaillon dont le centre est garni d'un scarabée en pierre
d'un noir verdâtre, d'une perfection de travail qui
indique les belles époques de l'art antique. Le médaillon lui-même est formé d'ornements à jour et
garni de chatons qui renferment des émeraudes
opaques, des saphirs et trois perles fines. L'ensemble
de ce collier porte les caractères de la décadence
romaine.

ÉCRIN N° 26.

244. DEUX EXTRÉMITÉS D'UN COLLIER ARABE, en or ciselé et orné d'arabesques, d'un travail fort élégant.

245. PENDANT DÉTACHÉ d'un collier oriental moderne. Fleur en filigrane d'or d'une forme analogue à une fleur de fuchsia.

246. COLLIER EN OR. Formé d'un assemblage de quinze pièces à profil elliptique et à surface trapézoïde, parfaitement égales entre elles et garnies d'ornements en cordelé. Travail oriental moderne.

247. COLLIER ORIENTAL MODERNE EN OR. Formé d'une série de douze demi-cylindres alternant avec autant de demi-boules. Toutes ces pièces sont ciselées, pointillées et garnies de petits émaux.

248. CHAPELET TURC EN OR. Composé de soixante-trois doubles cônes disposés en onze groupes qui alternent avec dix doubles cônes semblables, mais beaucoup plus grands. Tous ont la surface couverte d'un nombre considérable de petits anneaux presque microscopiques, et sont ornés de bandes et de dessins divers en fil plat ou arrondi. Le travail de ce collier est d'une élégance et d'une perfection très-remarquables.

ÉCRIN N° 27.

249. COLLIER ORIENTAL EN ARGENT DORÉ. Composé de neuf pièces semi-circulaires dont le bord inférieur est échancré en forme de deux pleins-cintres, et qui sont séparées l'une de l'autre par d'autres pièces de forme triangulaire. Toutes sont bordées de cordelé et ornées au milieu d'une spirale également cordelée; chacun des triangles porte un seul pendant; les autres pièces en ont trois, tous de même forme, de même grandeur et d'un travail fort curieux.

250. COLLIER EN ARGENT DORÉ. Composé d'une série de petites amphores surmontées d'une belière et séparées l'une de l'autre par une boule. C'est une imitation moderne d'un collier antique gréco-romain.

251. COLLIER EN ARGENT DORÉ, également moderne. Composé d'une série de vingt amphores, avec belière, plus grandes que celles du numéro précédent, garnies d'ornements cordelés et séparées l'une de l'autre par deux petites boules à surface unie.

ÉCRIN N° 28.

252. QUATRE PIÈCES DÉTACHÉES EN OR ESTAMPÉ et de style étrusque. Elles représentent chacune une tête de lion, dont le cou est entouré d'un fil cordelé et d'un collier garni de dessins divers, également cordelés, et qui est soudé à un petit cylindre. Ces quatre pièces faisaient évidemment partie d'un seul et même objet.

253. GRAND TORQUES (1) EN OR MASSIF, pesant deux cent quarante-huit grammes, et mesurant vingt centimètres de diamètre. Il est formé d'un gros fil dont la surface est ciselée en torsade; les extrémités simulent

____

(1) Voir la notice placée en tête.

un travail cordelé et se terminent en deux longues agrafes à surface unie, renflées vers le milieu. Cette dernière partie est ornée de trois stries légèrement gravées à la pointe et simulant aussi du cordelé.

254. PETITE BULLE LENTICULAIRE EN OR, à surface unie, entourée d'un bord plat. C'est dans l'intérieur de cette bulle qu'on a trouvé, toute repliée et roulée, la feuille d'argent placée au-dessous d'elle dans le même écrin, et couverte d'une inscription composée de dix-huit lignes en anciens caractères grecs. (Voir le fac-simile placé à la fin du catalogue.)

Le P. Secchi, qui l'a déchiffrée, assure qu'elle contient d'une part des prières et des supplications pour obtenir la faveur des dieux de l'Olympe, et de l'autre des invocations adressées aux divinités infernales contre les auteurs de maléfices.

La feuille d'argent qui porte cette inscription a une longueur de 6,5 centimètres sur une largeur de près de 4 centimètres du côté gauche, et de 3,5 centimètres du côté droit.

255. BULLE FUNÉRAIRE ÉTRUSQUE EN OR, avec une large belière. Elle est ornée d'un bas-relief représentant Pélée luttant avec Thétis en présence de deux autres personnes. Ce bas-relief antique se trouve reproduit sur la bulle moderne n° 257.

256. BULLE FUNÉRAIRE ÉTRUSQUE EN OR, d'une forme et d'une grandeur semblables à celles du n° 255. Le bas-relief représente le jeune Bacchus embrassé par un Silène accompagné de deux autres figures.

257. GRAND COLLIER MORTUAIRE ÉTRUSQUE EN OR. Il se compose : 1° de deux chevaux ailés placés aux extrémités ; 2° de quatre têtes de chevaux, chacune ornée

d'une boule unie, suspendue comme pendant ; 3° de deux bas-reliefs représentant un vieillard couché, et au-dessus de lui une figure ailée ; 4° enfin de deux rectangles, ornés de deux têtes humaines, placées aux angles supérieurs, et d'une figure de femme qui couvre presque toute la surface. La couleur de l'or de ce dernier bas-relief semble indiquer qu'il y a été rapporté plus tard. Le pendant du milieu est formé par une grosse bulle moderne, ornée d'une copie du bas-relief antique décrit au n° 255. Toutes les autres pièces de ce collier sont antiques et estampées en feuilles tellement minces, qu'on les a doublées de nacre avant de les réunir en un seul collier.

ÉCRIN N° 29.

258. PLAQUE D'OR EN FORME DE BULLE PLATE. Bordée d'une tresse cordelée et munie d'une large belière. Elle est ornée de cinq fleurs en relief, estampées et rapportées, dont une centrale et quatre autres disposées en losange. Ces dernières alternent avec quatre rhombes striés, légèrement gravés à la pointe. Cet ornement, d'une époque et d'un âge inconnus, est travaillé d'une manière assez grossière.

259. TORQUES EN OR MASSIF du poids de 167 grammes. Formé d'un gros fil dont la surface est creusée en torsade. Il se termine par deux grandes agrafes recourbées, à surface unie.

260. FEUILLE D'OR ESTAMPÉ, excessivement mince, de forme rectangulaire. On y voit un bas-relief de carac-

tère étrusque représentant une femme munie de quatre ailes.

261. TORQUES EN OR MASSIF, plus petit et plus mince que les deux autres, mais d'un travail semblable à celui du n° 259. Il pèse 33 grammes.

262. COLLIER EN OR, formé d'une suite de petites agrafes recourbées et entrelacées, qui se terminent, d'un côté par un anneau, et de l'autre par une agrafe. Il est d'une époque inconnue; mais le genre de travail indique qu'il appartient à un temps de décadence.

FIBULES.

Les fibules, espèces de broches ou d'agrafes faites
de différentes matières, servaient chez les hommes
à retenir, soit sur le haut de la poitrine les extrémités de la chlamyde ou du pallium grecs, soit sur
l'épaule droite un coin du manteau italien ou gaulois (*paludamentum* ou *sagum*), dont les militaires
seuls faisaient usage d'abord, mais qui finit par
remplacer complétement l'ancienne toge, partie
principale et caractéristique du costume primitif
des Étrusques et des Romains.—Dans la toilette féminine, les fibules, quoique généralement plus petites, n'en jouaient pas moins un rôle très impor-
tant. On s'en servait pour attacher sur la poitrine
les extrémités d'un long voile, surtout pour retenir
sur chaque épaule le bord supérieur du *peplum* ou
de la *palla* dont les plis, soigneusement arrangés,

faisaient l'objet d'une étude particulière, et souvent on en plaçait le long des manches fendues de la tunique.

Les fibules se composent d'une épingle plus ou moins longue, fixée par une charnière à une pièce dont la forme et la grandeur variaient beaucoup. Les monuments antiques peints ou sculptés ne nous présentent guère que des fibules rondes ou ovales; mais notre collection prouve que chez les Etrusques, à une certaine époque du moins, on leur donnait de préférence la forme d'un arc renflé vers le milieu. L'épingle est alors recouverte en grande partie par une sorte de long étui à surface rectangulaire qui aboutit à l'une des deux extrémités de l'arc et auquel nous donnons le nom de *fermoir*, quoique ce mot n'explique pas d'une manière exacte la forme et la nature de l'objet.

Dans l'écrin n° **31**, on verra avec intérêt deux collections, l'une de vingt, l'autre de trente-neuf petites fibules, qu'on a trouvées à Vulci près d'un squelette de femme, avec plusieurs autres objets (vases, miroirs, etc.) dont la défunte s'était servie et qu'on avait enterrés avec elle.

La fibule n° **282** présente un autre genre d'intérêt par ses dimensions extraordinaires, par la perfection du travail et surtout par l'inscription étrusque qui couvre la surface du fermoir. Elle a exercé l'érudition et la sagacité du P. Secchi et du marquis

S. Campanari, dont les interprétations sont très-loin de concorder.

Les deux fibules d'argent d'une forme toute particulière nº 322 et 335 passent pour être celtiques; si elles le sont en effet, celle qui porte le nº 335 prouverait que l'art de l'émaillerie était connu des Gaulois.

V

FIBULES.

FIBULES EN FORME D'ARC.

ÉCRIN N° 30.

263. Fibule en or, de style gréco-étrusque. Le sommet de l'arc de cette élégante fibule est orné d'une guirlande de fleurs, le reste, de fleurs et de méandres en cordelé. Le long fermoir porte à sa surface supérieure une tête estampée représentant un jeune homme à longue chevelure. La fibule se termine en un globe orné de cordelé, entouré de rubans froncés et supportant une petite fleur de lotus couronnée d'un petit disque estampé et cordelé.

264. Fibule en or estampé et ciselé, semblable à la précédente, avec la différence que le fermoir est orné à sa surface supérieure d'une palmette en cordelé, et que le globe n'a plus sa fleur de lotus.

265. FRAGMENTS D'UNE FIBULE EN OR, d'un très-beau travail. Ils consistent en un arc et en un fermoir antiques, réunis par une main moderne en sens inver.e de leur position normale.

266. FIBULE EN OR estampé et ciselé. Le fermoir, orné de palmettes à sa surface supérieure, représente un char à quatre roues, muni de son timon. Les roues sont ornées de disques estampés, à face humaine. L'arc est formé par un lion au repos qui pose ses pattes de devant sur les deux roues antérieures du char.

267. FIBULE EN OR, semblable à la précédente. Le fermoir est moins long.

268. FIBULE EN OR. L'arc est garni de fleurs en relief et de cordelé. Le fermoir est orné de deux fleurs, de cordelé et d'un lapin estampé.

269. FIBULE EN OR. L'arc et le fermoir sont tout couverts de petites fleurs en relief disposées irrégulièrement. Le bord latéral de l'arc porte de chaque côté une fleur plus grande. L'extrémité de la surface supérieure du fermoir est ornée de deux petits lions au repos.

270. FIBULE EN OR, semblable à celle du n° 263, mais d'un travail plus simple.

271. FIBULE EN OR, d'une forme semblable à celle du n° 269. Les deux lions sont remplacés par une harpie.

272. FIBULE EN OR, semblable à celles des n°ˢ 269 et 271, mais plus petite et ornée d'un sphinx ailé.

273. FIBULE EN OR. L'arc est garni latéralement de

deux fleurs et surmonté dans toute sa longueur d'une sorte de crête en rubans froncés. Le fermoir est orné de deux fleurs et d'une oie.

274. FIBULE EN OR. L'arc est orné de trois rangs de gros grains, traversés en croix par un seul rang semblable. Le fermoir est garni de quatre fleurs et d'un s. hinx au repos.

275. FIBULE EN OR. L'arc est orné de fleurs disposées entre trois rangs d'astragales. L'épingle porte une colombe.

FIBULES DE FORMES DIVERSES.

ÉCRIN N° 31.

276. FIBULE GRECQUE· EN OR. Formée d'un corps de serpent qui porte l'épingle et qui se termine par une main ornée d'une bague et d'un bracelet cordelés et munis d'un chaton avec une petite pierre fine. Cette élégante fibule est unique dans son genre.

277. FIBULE EN OR. L'épingle est très-longue et donne naissance à un fil, contourné en lignes bizarres, qui porte une sorte de lance et deux boutons, et qui se termine par un arc à surface annelée et un gorgerin sur lequel est fixée l'épingle.

278. FIBULE EN OR, en forme d'arc. L'arc et le fermoir à surface unie; le premier est orné latéralement de deux grains d'or.

279. FIBULE EN OR, en forme d'arc. L'arc est orné de petites boucles façonnées en demi-anneaux de fil d'or.

La surface supérieure du fermoir est d'un travail semblable; les parties latérales sont ornées d'élégants dessins en granulé et en astragales. Il se termine en deux têtes de léopard également ornées de granulé.

280. FIBULE EN OR, en forme d'arc. L'arc, très-renflé vers le milieu, est surmonté d'une crête cordelée et garni latéralement de deux grains d'or. Le reste de la surface est entièrement uni. Le fermoir, également uni, se termine en un grain d'or.

281. FIBULE EN OR, semblable à celle du n° 279, mais un peu plus grande.

282. GRANDE FIBULE EN OR, d'une longueur de 115 centimètres. La tête de l'épingle se termine par une boule qui porte quatre cornes d'abondance recourbées en arc dont l'extrémité aboutit à un cylindre transversal. Ce dernier se relie au fermoir par une pièce intermédiaire ornée de deux boules, de quatre pointes latérales et d'une petite palmette. La surface de toutes ces parties est ornée de dessins dentelés à double rangée de grains d'or. Le fermoir (d'une longueur de 7,75 centimètres sur une largeur de 60 millimètres d'un côté et de 50 de l'autre) porte à la surface supérieure un méandre et au milieu l'inscription :

MIAPAⴲIAϜΕLAϜΕMNAMIAMAⴲIMAϜ
(ΑΙϜΙϷΙ)SqΛΤΕϜΝϷϷϷϤ)WϜ

dont les deux lignes sont séparées l'une de l'autre par un seul rang de grains d'or. Les mots s'y succèdent sans points intermédiaires et sans intervalles distincts.

Les lettres, ainsi que les divers ornements qui recouvrent le reste de la surface du fermoir, sont formées d'un double rang de grains semblables à ceux qui garnissent l'arc. Cet échantillon extraordinaire d'orfévrerie étrusque a été trouvé à *Chiusi ;* il a été décrit et expliqué dans un mémoire du P. Secchi (Bull. dell' Instit. arch. 1846, p. 3) et dans deux autres du marquis S. Campanari (Bull. dell' Inst. arch. 1851, p. 47, et Annali dell' Inst. arch. 1855, pl. 10). Sans entrer à ce sujet dans une discussion détaillée, nous dirons que le premier la lit ainsi :

MI. ARATHIA. VELAVESNAS. XAMATHIMA. VURKEM. ZEVEN. PETURSIKIPIA, et qu'il traduit : « Je suis à Aratus Velavesna, composée de six (ou sept) bandes à quatre têtes. »

Le second, au contraire, partage les mots de la manière suivante :

MI. ARATHIA. VELA. VESNAS. SAMATHIMA. VURKE. ME. VENPE. TURSI. KIPIA. et y trouve le sens : « Je suis à Aratia Vela, (femme) de Vinius, (fille) de Samatia ; Mauritius m'a faite (le fils) de Trosia Cepia. »

Il suffit de comparer ces deux versions, si radicalement différentes, pour se convaincre combien la connaissance de la langue étrusque laisse encore à désirer, malgré tous les efforts faits par les savants depuis le temps de Gori (1).

283. FIBULE EN OR, en forme d'arc. L'arc, à surface

---

(1) Contrairement à l'usage général, les lettres se suivent de gauche à droite, ce qui pourrait faire douter de la haute antiquité de l'inscription. Au premier abord, on dirait qu'elle est en *boustrophédon,*

unie, porte une crête composée de petits grains et croisée par une autre ligne en grains d'or. Le fermoir est bordé de cordelé; la surface supérieure partagée en quatre compartiments séparés l'un de l'autre par un fil cordelé.

284. FIBULE EN OR, en forme d'arc. L'arc en pointillé est surmonté d'une crête en cordelé et en fil uni, et porte latéralement deux petits grains. Le fermoir, également orné de cordelé en spirale, se termine en tête de cygne.

---

c'est-à-dire que les lignes sont écrites alternativement de gauche à droite et de droite à gauche, comme cela se voit sur plusieurs anciens monuments grecs. En effet, la suite de la première ligne se trouve à l'extrémité droite de la seconde, dont les caractères vont en apparence vers la gauche; mais on reconnaît bientôt que cette ligne est tout simplement renversée par rapport à la première, et qu'il faut retourner la fibule pour la lire. L'inscription, telle que le P. Secchi la donne, ne reproduit point cette particularité, et son mémoire, ainsi que celui du marquis Campanari, n'en fait aucune mention. Du reste, si les deux transcriptions ci-dessus (nous ne parlons pas de la manière de traduire) ne sont pas en partie hypothétiques, il faut que la fibule ait été mieux conservée alors qu'elle ne l'est maintenant, car un assez grand nombre de grains tombés rendent tout à fait méconnaissables les caractères de la seconde ligne que nous avons placés entre parenthèse. Dans le fac-simile qui se trouve à la fin du catalogue, nous avons tâché de reproduire, le plus fidèlement possible, l'état actuel de l'inscription. Enfin nous devons ajouter que la version du marquis Campanari, quoique plus conforme au style et au contenu de plusieurs anciennes inscriptions grecques, laisse de côté, comme complétement inutiles, le cinquième signe et l'N du mot VENPE de la seconde ligne, mot qu'il croit identique à VEPE ou EPE et analogue à ἐποίησεν; que ni lui ni le P. Secchi n'ont remarqué un point bien distinct placé entre la treizième et la quatorzième lettre de la première ligne, et que tous les deux insèrent entre les deux derniers caractères un I qui ne s'y trouve point.

285. Fibule en or, en forme d'arc et d'une grande beauté. L'arc, couvert d'ornements à double astragale, porte latéralement deux petites fleurs. La longue épingle est dépourvue de son fermoir.

286. Collection de vingt petites fibules en or, en forme d'arc à surface unie. La crête de l'arc est ornée d'un cordelé très-fin et dentelé; la surface supérieure du fermoir porte à son extrémité deux petites rosaces. Toutes ont été trouvées dans une seule tombe de Vulci et auprès d'un même squelette.

287 et 288. Collection de trente-neuf petites fibules en or de même forme. La crête de l'arc est bordée d'une suite de petites lentilles concaves, entre deux fils plats. Les fermoirs sont légèrement gravés à la pointe. La plus petite de ces fibules (n° 288) est complétement unie et l'arc porte simplement deux grains latéraux. Elles ont été trouvées dans la même tombe et auprès du même squelette que celles du n° 286.

ÉCRIN N° 32.

289. Fibule en argent dépourvue de son épingle. L'arc est courbé en forme d'une ∽ (*S* couchée).

290. Petite fibule en argent, bien conservée.

291. Petite fibule en argent, parfaitement semblable à celle du n° 290.

* 292. Fibule en argent, dépourvue de son épingle. L'arc est en forme d'un fer de lance (1).

---

(1) Toutes les fibules marquées d'un astérisque ont été trouvées à Vulci dans la tombe décrite au *Bull. dell' Inst. arch.* 1857, p. 103.

* 293. Fragment de l'arc d'une fibule en argent.

294. Grosse fibule romaine en bronze, composée d'un anneau plein, à surface unie, et d'un ardillon.

*295. Fibule en argent, dépourvue de son épingle. Elle est semblable à celle du n° 292.

* 296. Fragment d'une fibule en argent. Épingle formée par une lame étroite qui se rétrécit à une extrémité et se termine en pointe d'épée.

* 297. Fibule en argent, dépourvue de son épingle. Arc en forme de fer de lance, semblable à ceux des n°ˢ 292, 295.

* 298. Fibule en argent, dépourvue de son épingle. Semblable à celles des n°ˢ 292, 295, 297.

299. Fragment d'une fibule en argent. L'arc est formé d'une lame unie.

* 300. Fibule en argent. L'arc, en forme de fer de lance, comme ceux des n°ˢ 292, 295, 297, 298, est encore muni d'un reste de fermoir.

301. Fibule en argent, munie de son épingle et très-bien conservée. L'arc, à double courbure, fait avec l'épingle une sorte de ∞ (*B* couché); il porte quelques ornements en or et un fermoir garni de grains d'or.

302. Très-grande fibule en or. Composée d'une fleur de grenadier estampée et d'une lame dont l'extrémité porte un bas-relief représentant une harpie. Ces deux pièces antiques ont été réunies et arrangées en forme de fibule.

*303. Fibule en argent, munie de son épingle, mais très-oxydée. L'arc est complétement uni.

* 304. Fibule en argent, munie de son épingle. Arc à lame plate.

305. Fibule en argent, dépourvue de son épingle. L'arc, très-oxydé, est orné de trois bandes en tresses dorées.

*306. Fibule en argent, semblable à celle du n° 304, mais portant encore un petit reste de fermoir.

307. Fibule en or. Formée d'un gland et d'une grenade antiques, réunis et arrangés en fibule.

308. Fibule en argent plaqué, dépourvue de son épingle. Elle porte encore un reste de fermoir. L'arc est orné de huit astragales ciselés; le reste de la surface porte des dessins divers.

309. Fibule en argent plaqué. Semblable à celle du n° 308, mais un peu plus petite et complétement dépourvue de fermoir.

310. Fibule en argent, dépourvue de son épingle. L'arc est complétement entouré de fils d'or.

311. Fibule en argent plaqué. Semblable à celle du n° 309.

312. Fibule en or, complétement semblable à celle du n° 302.

313. Fibule en argent plaqué, fortement oxydée et dépourvue de son épingle.

314. Fibule en argent, très-bien conservée. L'arc, à double courbure, fait avec l'épingle une sorte de B couché. Le bord extérieur est façonné en deux courbes séparées par un sillon.

315. Fibule en argent, de forme bizarre. L'arc, à six coins saillants, est orné de fils d'or.

316. FRAGMENT D'UNE PETITE FIBULE EN ARGENT. L'épingle est complétement privée de son arc.

317. FIBULE EN ARGENT PLAQUÉ, munie de son épingle, mais fortement oxydée. Elle est semblable à celle du n° 305.

318. FIBULE EN ARGENT, munie de son épingle. Semblable à celle du n° 303.

319. FRAGMENT D'UNE FIBULE EN ARGENT PLAQUÉ. Arc complétement dégarni de son épingle et de son fermoir.

ÉCRIN N° 53.

320. FIBULE EN ARGENT. L'arc, de profil quadrangulaire, est orné à son extrémité de deux petits balustres. Le fermoir, légèrement gravé à la pointe, porte deux anneaux et une sorte d'agrafe ciselée.

321. FIBULE EN ARGENT PLAQUÉ, dépourvue de son épingle. Elle est munie d'une longue tige carrée qui soutenait le fermoir.

322. FIBULE CELTIQUE EN ARGENT, munie de son épingle et très-bien conservée. Elle se compose d'un grand disque bordé d'une sorte de large couronne, façonnée à jour, et surmonté d'un cylindre creux qui renferme la charnière de l'épingle. Le disque se termine à sa partie inférieure par une large bande façonnée.

323. FIBULE EN ARGENT PLAQUÉ, munie de son épingle. On voit encore quelques restes de ciselure sur l'arc.

324. FIBULE EN ARGENT. L'arc est godronné ; le fer-

moir porte un antéfixe et une boule terminée par une
fleur.

325. Très-grande fibule en argent. L'arc est orné
de dessins divers en fil uni. Cette fibule, d'une forme
et d'un travail bizarres, est d'une époque inconnue.

326. Fibule en argent plaqué. L'arc est ciselé; le
fermoir porte un antéfixe.

327. Fragment très-oxydé d'une fibule en argent,
dépourvue de son épingle et de son fermoir. L'arc
a conservé la plus grande partie de son plaqué.

328. Fibule ronde en or, du dixième siècle. Cet
échantillon très-rare de l'orfévrerie de cette époque
se compose d'un cercle qui enchâsse une plaque d'or
sur laquelle on voit un hippogryphe entre deux palmettes. Le tout en émail cloisonné.

329. Fibule en argent, semblable à celle du n° 327,
mais pourvue de son épingle.

330. Fibule en argent, très-bien conservée. L'arc,
de forme rhomboïdale, est orné latéralement de deux
petits grains. Le fermoir, légèrement gravé à la
pointe, est orné d'un gorgerin.

331. Fibule en argent, de très-grande dimension,
toute couverte de feuillages ciselés, avec un masque
au milieu. Ouvrage du seizième siècle.

332. Fibule en or, très-lourde et munie de son épingle. L'arc est orné d'une série d'oves entre deux astragales. Le fermoir, gravé au trait, se termine en deux
fleurs de grenadier en haut-relief.

333. Fibule en argent. Le milieu de l'arc est fa-

çonné en rhomboïde. Le fermoir porte un antéfixe et une lentille.

334. FIBULE EN ARGENT. L'arc, à surface cannelée, est muni d'une épingle et d'un fermoir. Ce dernier, légèrement gravé à la pointe, se termine en balustre.

335. FIBULE CELTIQUE EN ARGENT ET EN ÉMAIL, très-bien conservée. La forme et la disposition générale ressemblent à celles de la fibule n° 322. La pièce rhomboïdale qui en constitue le fond est ornée au milieu d'émail vert entouré de jaune, et sur le bord d'émail bleu.

336. FIBULE EN ARGENT, semblable à celle du n° 333. Formée d'une pièce rhomboïdale, courbée en arc, et d'un large fermoir qui porte un antéfixe en lame d'or. L'épingle manque.

337. FIBULE EN ARGENT, semblable à celles des n°ˢ 333 et 336, mais plus petite. L'antéfixe adhérent au fermoir se termine par une boule lenticulaire. L'épingle s'est conservée.

338. FIBULE EN ARGENT, munie de son épingle et semblable à celle du n° 337, mais dépourvue de sa boule.

ÉCRIN N° 54.

339. FIBULE RONDE EN OR. Disque plat dont le bord est cordelé et dentelé en gros grains; le reste est orné d'oves, d'astragales et de cordelé.

340. FIBULE RONDE EN OR, d'un travail très-élégant. Le centre est formé par une rosace convexe couverte de granulé et entourée de quatre fleurs en relief qui

alternent avec des boutons façonnés en minces anneaux. Le bord est orné de cordelé et de grains d'or.

341. PIÈCE DÉTACHÉE EN OR. Un croissant, richement
orné sur ses deux surfaces de cordelé, de rubans et
de grains d'or, porte au milieu un second croissant
en relief dont la surface est ornée de cinq fleurs.

342. DISQUE EN OR ESTAMPÉ. Le centre est orné d'un
mamelon granulé, entouré de dix mamelons plus petits. Vers le bord une large bande plate.

343. DISQUE EN OR. Il est percé vers le bord de deux
ouvertures circulaires entourées d'un astragale et alternant avec deux ovales ornés d'un paon ciselé. Le
milieu porte un bas-relief ciselé représentant un enfant ailé jouant de la *cetra* (espèce de lyre de forme
rectangulaire).

344. BRACELET EN OR. Composé de treize pièces
réunies entre elles par des charnières. Sept, à surface
plane ornée de dessins en cordelé, alternent avec six
autres d'une ornementation plus riche en rosaces, en
mamelons et en fleurs faits en cordelé, en granulé et
en émail. Les dessins se répètent, à quelques exceptions près, deux à deux, et les pièces semblables sont
placées symétriquement.

345. FIBULE RONDE EN OR, munie de son épingle.
Formée d'une lentille godronnée vers les bords. Au
milieu une fleur, formée de plusieurs astragales très-
délicats et entourée d'une guirlande de feuilles et de
baies de lierre.

346. DISQUE EN OR. Le centre est orné d'un masque
entouré d'une guirlande de feuilles de lierre, placée
entre deux astragales, et d'une suite de glands estampés et rapportés.

347. DISQUE EN OR, d'un travail admirable. Il se compose d'un disque central en relief entouré de six autres disques plus petits. Le milieu est orné d'un mamelon, couvert de granulé, et de quatre petites feuilles plates, et entouré d'une zone granulée et d'autres ornements. Le bord est festonné. Chacun des disques extérieurs est séparé du disque suivant par une palmette. Au revers, un ornement estampé, de forme hexagonale et radiée, qui porte une petite tige cylindrique creuse. Ce remarquable ouvrage d'orfévrerie étrusque joint à sa beauté le mérite d'une conservation parfaite.

348. AGRAFE EN OR. Une pièce, ornée de palmettes, de coquilles et de têtes d'animaux, porte au centre un masque estampé et à son bord supérieur huit boules avec dessins en croix granulés. Chaque ornement est entouré d'une ligne granulée.

349. DISQUE EN OR, complétement semblable à celui du n° 347, et tout aussi bien conservé.

350. DISQUE EN OR, semblable à celui du n° 346.

351. BRACELET EN OR, d'un genre analogue à celui du n° 344, mais plus petit et d'un travail plus simple. L'agrafe naît d'une sorte d'antéfixe orné de deux lions ailés estampés, au repos.

352. BRACELET EN OR, dans le genre de ceux des n°ˢ 344 et 351. Il se compose de neuf pièces reliées entre elles par des charnières; cinq, d'un travail plus simple, alternent avec quatre plus richement façonnées. L'agrafe est supportée par cinq grenades fixées à l'un des carrés extrêmes.

353. FIBULE RONDE EN OR. Formée d'une tête d'Apollon entourée d'un double rang de rayons bordés d'un astragale.

354. Disque en or. Le milieu est orné d'une fleur de lotus avec un cône granulé au centre. Entre les pétales on voit des étamines terminées en petite boule. Le reste du disque est richement orné de dessins en cordelé très-fin, et le bord est garni d'un astragale. Le revers estampé porte une petite tige dont l'extrémité est perforée.

355. Fragment d'un beau disque en or. Le centre est orné d'une fleur entourée de dix autres fleurs plus petites, façonnées en petits anneaux de fil d'or, et d'un rang de demi-boules entre deux zones granulées. Le reste du disque est à jour.

356. Disque en or, semblable à celui du n° 354.

357. Fibule en or, semblable à celle du n° 353. La tête est ciselée.

BRACELETS.

A en juger par le nombre peu considérable de bracelets antiques parvenus jusqu'à nous, l'on peut supposer que ces bijoux étaient moins employés par les anciens qu'ils ne le sont par les peuples modernes. On n'en rencontre pas un très-grand nombre sur les vases peints et sur les monuments sculptés. Cependant les fresques de Pompéi en présentent une assez notable quantité pour autoriser à penser que l'usage en était devenu fréquent en Italie à une époque relativement moderne, et qu'il faut attribuer la rareté de ces bijoux à l'habitude qu'avaient les Romains de ne pas cacher leurs tombeaux, comme faisaient les Grecs et les Étrusques, mais de les revêtir au contraire d'un luxe apparent qui les signalait aux spoliateurs. Les bracelets antiques que nous possédons sont en général d'un travail assez simple. Ils sont formés, soit d'un fil en or, en argent ou en bronze, soit de bandes ou de plaques réunies (344, 351, 352, 383), plus ou moins ornées de fils appliqués, de cordelé ou de granulé, terminées de diverses manières, surtout en têtes de serpents (372, 376, 386). Il est à remarquer que ces objets ne portent presque jamais ni les pierres fines, ni les pâtes de verre, ni les émaux qui entrent très-fréquemment dans la composition des colliers, des pendants d'oreilles et des anneaux, et que le travail du métal fait tous les frais de leur ornementation. Les anciens distinguaient plusieurs sortes de bracelets ; — chacune d'elles avait son usage déterminé, et ceux de ces bijoux qui se mettaient immédiatement au-dessus du poignet étaient de beaucoup les moins nombreux. L'*armilla* et le *torques brachialis*, en général formés de fils ou de lames d'or ou d'argent tordus en hélice, paraissent avoir été d'abord portés par les Perses et par les Gaulois, et chez ces peuples ils marquaient le rang de la personne qui s'en parait comme d'une sorte d'insigne et de décoration. On les mettait au bras gauche entre le poignet et le coude, et souvent leurs dimensions étaient assez grandes pour couvrir une partie considérable de l'avant-bras (1). Les Romains les donnèrent aux soldats qui s'étaient particulièrement distingués, ainsi qu'à des chefs de grades inférieurs,

----

(1) L'histoire de Tarpéïa prouve que l'usage de ces bracelets existait également chez les Sabins.

jusque et y compris les centurions (1), et plusieurs monuments prouvent que dans ce cas on les plaçait soit au-dessus des deux poignets, soit sur la poitrine comme nos décorations. On trouvera (n°ˢ 358 à 361 et 366) plusieurs de ces bracelets militaires formés d'un cercle unique en bronze ou en argent. Ils se composent généralement d'un simple anneau massif de profil rond, triangulaire ou rhomboïdal, complétement fermé ou à peine ouvert ; parfois d'une bande plate ou d'un gros fil roulé en spirale faisant deux ou un plus grand nombre de tours. Mais, quelle que soit la forme, la surface est généralement unie ou façonnée aux extrémités seulement (2).

Parmi les bracelets de femme on distinguait : les *péricarpes* des Grecs, qui se portaient généralement aux deux poignets ; le *dextrale,* qui était ordinairement formé d'un fil ou d'une bande de métal faisant un seul tour, et qui se mettait au bras droit entre le poignet et le coude (3) ; le *spinther,* qui en-

---

(1) *Annali dell' Inst. archéol.,* 1860, p. 105.

(1) Le curieux bracelet n° 389, peut-être unique dans son genre, est le seul de la collection qui s'écarte de ce type.

(2) A cet égard, les grandes figures de femmes des tombeaux étrusques font exception : elles portent très-généralement une sorte de *dextrale*, formé d'une lame contournée en hélice et presque toujours terminée par deux têtes de serpents. Il est d'ailleurs bien entendu que cette classification sommaire n'a rien d'absolument rigoureux. Ainsi non-seulement le *dextrale* a souvent plusieurs tours, mais on le trouve quelquefois placé à gauche, et aussi aux deux bras. Il en est de même du *spinther.*

9.

tourait le bras gauche entre le coude et l'épaule et était composé de plusieurs fils d'or tellement élastiques qu'il n'avait pas de fermoir, et que la pression qu'il exerçait sur les chairs suffisait pour le faire rester en place : enfin le *périscélis*, anneau massif d'or ou d'argent, dont les peintures de Pompéi offrent de nombreux exemples, paraît avoir été emprunté à l'Orient (Isaïe, III, 16-20). Il s'attachait à la jambe au-dessus de la cheville. Il était surtout porté par les femmes grecques, ainsi que par les courtisanes et par les danseuses, et on le rencontre également dans quelques figures représentant des héroïnes ou des déesses (Bacchantes, Arianes, Lédas, — Vénus, Néréides, Amours).

Les bracelets funéraires étrusques (n° 362-365), assez nombreux, sont, comme tous les bijoux de cette sorte, formés de très-minces lames de métal. Ils n'offrent d'ailleurs rien qui mérite de fixer particulièrement l'attention.

VI

BRACELETS.

———

ÉCRIN Nº 35.

358. BRACELET MILITAIRE ROMAIN EN BRONZE. Formé d'un gros fil replié sur lui-même. Une des extrémités dépasse l'autre.

359. BRACELET MILITAIRE ROMAIN EN BRONZE. Semblable à celui du nº 358, mais un peu plus gros.

360. BRACELET MILITAIRE EN ARGENT. Il est très-lourd et d'une forme semblable aux deux précédents, avec la différence que les extrémités semblent avoir été dorées et qu'elles sont garnies, chacune, de deux bords circulaires saillants.

361. BRACELET MILITAIRE ROMAIN EN BRONZE, très-lourd. Formé d'un gros anneau de profil circulaire. Le milieu porte un scarabée entouré d'une bande plate façonnée.

362. BRACELET FUNÉRAIRE ÉTRUSQUE EN OR. Formé

d'un gros anneau creux, de profil circulaire, orné de trois bandes façonnées en cordelé.

363. BRACELET FUNÉRAIRE ÉTRUSQUE EN OR. Complétement semblable à celui du n° 362.

364. BRACELET FUNÉRAIRE ÉTRUSQUE EN OR. Semblable aux deux précédents, avec la différence que chacune des trois bandes est ornée de petits grains. Il est brisé en plusieurs pièces réunies par un cordon de soie.

365. BRACELET FUNÉRAIRE ÉTRUSQUE EN OR. Complétement semblable à celui du n° 364.

366. BRACELET MILITAIRE ROMAIN EN OR. Formé d'un gros anneau bombé, à angles, parfaitement conservé.

367. BRACELET D'ENFANT, EN OR. Formé d'un fil d'or uni contourné en spirale à deux tours. L'extrémité est garnie d'une pièce particulière d'un travail riche et très-délicat.

368. BRACELET D'ENFANT, parfaitement semblable à celui du n° 367.

369. BRACELET D'ENFANT, EN ARGENT. Formé d'un fil uni contourné en quatre spires. Les extrémités façonnées se terminent en boule.

370. BRACELET D'ENFANT, EN ARGENT. Parfaitement semblable à celui du n° 369.

ÉCRIN N° 36.

371. BRACELET ROMAIN EN BRONZE, de petite dimension, mais très-lourd. Il est formé d'une simple spirale. Cha-

que extrémité, légèrement gravée à la pointe, se termine en collerette et en bouton.

372. BRACELET ÉTRUSQUE EN OR. Formé d'un grand anneau creux, terminé de chaque côté par une tête de serpent en haut-relief.

373. BRACELET D'ENFANT, de style romain, en bronze. La surface est marquée de raies transversales. Les extrémités sont étranglées.

374. BRACELET ÉTRUSQUE EN OR. Formé d'une bande en spirale, dont une partie est légèrement gravée à la pointe. Il se termine, d'un côté, par une partie plus large façonnée à jour.

375. BRACELET D'ENFANT, de style étrusque, en or. Composé de cinq bandes reliées entre elles par trois bandes transversales semblables. Chacune des premières se termine, d'un côté, par un demi-buste humain surmonté d'un poisson, et, de l'autre, par un poisson seul.

376. BRACELET EN OR, de style grec. Une bande plate tournée en spirale se termine, d'une part en queue, de l'autre en corps et en tête de serpent ciselés. Les écailles de la tête sont en fil d'or.

377. BRACELET D'ENFANT, de style étrusque, en or. Semblable à celui du n° 375.

378. BRACELET ÉTRUSQUE EN OR. Semblable à celui du n° 374.

379. BRACELET ÉTRUSQUE EN ARGENT, avec un léger reste de dorure. Simple anneau ouvert, à extrémités renflées et cannelées.

380. BRACELET ÉTRUSQUE EN OR, orné de deux têtes de serpent. Semblable à celui du n° 372.

381. BRACELET ROMAIN EN BRONZE. Une spirale en gros fil uni se termine de chaque côté par deux renflements étranglés.

ÉCRIN N° 37.

382. BRACELET ROMAIN EN OR, d'une époque de décadence. Deux rangs d'anneaux minces et estampés portent au milieu une plaque carrée, ornée d'un gros grenat et bordée d'un astragale.

383. BRACELET ÉTRUSQUE EN OR. Formé de trois pièces semi-cylindriques réunies par des charnières. Celle du milieu se compose de quatre petites bandes, bordées de cordelé et séparées l'une de l'autre par des grenades et des oiseaux estampés. Les deux pièces extrêmes sont ornées de feuilles et de fleurs en relief et godronnées à l'extrémité. Ce bracelet, fortement restauré, renferme plusieurs pièces modernes, et l'or dont il se compose présente par conséquent des nuances diverses de coloration.

384. BRACELET EN OR, de style oriental. Formé de huit petites bandes séparées l'une de l'autre par des fils d'or froncés. Il se termine de chaque côté par une partie moins large, composée de trois bandes semblables. Un croissant en relief orne l'une des extrémités de la large bande principale.

385. BRACELET EN OR. Complétement semblable à celui du n° 384.

386. CINQ FRAGMENTS EN OR, dont deux sont rectangulaires et ornés d'un bas-relief estampé représentant une figure couchée; un troisième, également rectangulaire, porte un reste de sphinx en dessins granulés; les deux autres, en forme de disque, sont ornés d'une figure agenouillée estampée.

387. FRAGMENT D'UNE CEINTURE EN OR. Composé de six pièces carrées, façonnées à jour en feuilles et en fleurs avec quelques restes d'émail. Une charnière les unit à une agrafe façonnée d'une manière semblable. C'est peut-être un ouvrage de l'époque de la décadence des Arabes d'Espagne.

ÉCRIN N° 38.

388. BRACELET ROMAIN EN BRONZE. Formé d'un gros anneau cylindrique dont une extrémité, terminée en forme de fer de lance aplati, est légèrement gravée et porte l'agrafe. Le petit anneau de l'extrémité opposée n'existe plus.

389. BRACELET ROMAIN EN BRONZE. Composé d'une bande roulée en spirale à trois tours et portant treize anneaux enfilés, également en bronze.

390. BRACELET ROMAIN EN BRONZE. Composé d'une simple bande plate roulée en spirale, dont une extrémité dépasse un peu l'autre.

391. BRACELET MILITAIRE ROMAIN EN BRONZE. Grosse spirale cylindrique terminée de chaque côté par un bouton avec étranglement gravé.

392. Très-petit bracelet en bronze (1). La surface est complétement unie.

393. Bracelet d'enfant, en bronze plaqué d'or. Il est couvert d'ornements élégants en grains d'or très-fins.

394. Bracelet romain militaire en bronze. Formé d'un gros cordon cannelé, terminé de chaque côté par un bouton. Il est déformé d'un côté par suite d'un coup qu'il a reçu.

395. Bracelet d'enfant, en or. Semblable à celui du nº 393, mais les ornements en grains d'or sont tombés en grande partie.

396. Bracelet romain militaire en bronze. Semblable à celui du nº 391, mais un peu plus petit.

397. Petit anneau de bronze ouvert, à surface unie (2).

398. Bracelet de femme, en bronze, de style romain. Formé d'une bande de profil triangulaire rétrécie vers l'extrémité, tournée en spirale et terminée par un petit anneau.

399. Bracelet d'enfant, en bronze. Formé d'un simple gros fil cylindrique dont une extrémité dépasse un peu l'autre.

400. Bracelet en bronze. Gros anneau de profil rhomboïdal à surface unie.

---

(1) Il est placé à l'intérieur du bracelet précédent.
(2) Placé dans l'intérieur du numéro précédent.

BAGUES.

En Égypte et en Orient l'usage des bagues, soit comme cachet, soit comme simple ornement, remonte à la plus haute antiquité (1 Mos. 24, 22 ; 38, 18 ; 41, 42) (1). Les Égyptiens, les Phéniciens et les Babyloniens excellaient surtout dans l'art de graver les pierres, et les relations plus ou moins intimes qui existaient entre ces peuples et les Étrusques nous autorisent à croire que la connaissance de cet art, ainsi que la mode des bagues, pénétra de bonne heure en Étrurie. Quant aux Grecs, Pline assure que l'usage de ces bijoux leur était encore inconnu du temps d'Homère, et, quoique ce fait ne

---

(1) En Orient, les bagues à cachet étaient quelquefois suspendues à un cordon qui entourait le cou et qui descendait jusque sur la poitrine ; mais ordinairement on les portait à la main droite.

soit pas bien prouvé, il faut convenir du moins que, ni dans l'Iliade, ni dans l'Odyssée, il n'est fait mention de bagues dans les descriptions du costume et des ornements grecs. A Rome, les bagues d'or étaient réservées dans l'origine aux sénateurs, aux premiers magistrats et aux chevaliers (1). Elles étaient massives, lourdes, de forme très-simple, et se portaient au doigt annulaire de la main gauche. Mais, à mesure que le luxe augmenta, la mode des bagues se répandit davantage, surtout chez les femmes (2). Les formes et l'ornementation de ces bijoux devinrent de plus en plus riches et variées, et sous les empereurs on finit par porter une ou plusieurs bagues aux divers doigts des deux mains, excepté aux doigts du milieu (3). Il paraît même que certaines dames et quelques hommes efféminés poussaient le luxe au point d'avoir plusieurs garnitures de bagues, toutes différentes, suivant la saison.

Les bagues sont souvent ornées de pierres fines.

----

(1) Dans les premiers siècles les chevaliers et les sénateurs même ne portaient habituellement que des anneaux de fer et ne mettaient de bagues d'or que lorsqu'ils étaient en mission à l'étranger. Ce n'est qu'à partir du troisième siècle avant J.-C. que l'usage de ces dernières devint plus général. Cependant Marius, dans son triomphe sur Jugurtha, portait encore avec une certaine affectation l'antique bague de fer.

(2) Les esclaves semblent avoir porté quelquefois une bague à la première phalange de l'index.

(3) Un des personnages de Lucien a les mains chargées de seize bagues.

Les *intailles*, gravées en creux, sont ordinairement
transparentes et d'une seule couleur. Parmi les
pierres précieuses proprement dites, on choisissait
surtout l'améthyste et l'hyacinthe, quelquefois l'é-
meraude opaque ; parmi les autres on recherchait
de préférence la cornaline et la chalcédoine, plus
rarement le jaspe et le lapis-lazuli. Les anciens ne
savaient point tailler le diamant, mais ils en employaient les fragments pour graver les autres pierres fines. Pour les *camées* au contraire, toujours
sculptés en relief, on employait plutôt des pierres à
couleurs diverses, notamment l'onyx, quelquefois
la sardoine ou d'autres pierres semblables tirées de
l'Orient ou de l'Égypte. Mais déjà dans l'antiquité,
l'on imitait, parfois dans une intention de fraude, ces
pierres rares et recherchées dont plusieurs, d'une
grandeur et d'une beauté extraordinaires, sont l'ornement des principaux cabinets de l'Europe (1).

Les Grecs, surtout aux belles époques de leur
art, avaient une prédilection marquée pour les
intailles, et les figures humaines qu'ils y gravaient

---

(1) Les intailles et les camées n'étaient pas uniquement réservés
aux bagues ; les plus grands et les plus beaux étaient destinés aux
diadèmes, aux colliers, aux bracelets, aux ceinturons et même à
des chaussures de luxe. On en couvrait aussi la surface des vases ou
des ustensiles de matière précieuse. Ce dernier usage s'est longtemps
conservé au moyen âge ; une foule d'intailles et de camées antiques
ont servi d'ornement à des vases ou à des vêtements d'église, ainsi qu'à
des couvertures de livres.

sont généralement nues. Les Romains se servaient d'intailles et de camées ; mais, comme objet de pure ornementation, ils employaient de préférence ces derniers, dont l'usage semble avoir été importé de l'Orient depuis le temps des Séleucides. Les figures des intailles romaines sont presque toujours drapées, et les camées représentent le plus souvent une ou deux têtes humaines ou divines, vues de profil, plus rarement des groupes complets de figures entières. En général les pierres gravées romaines représentent plutôt des personnages réels et des scènes historiques, tandis que les Grecs choisissaient de préférence leurs sujets dans la mythologie ou dans les récits fabuleux des âges héroïques.

Dans l'ornementation de leurs bijoux, les Étrusques ne faisaient guère usage de camées. Ils conservaient ordinairement aux pierres précieuses, et quelquefois même aux opales et aux agates, leur forme brute, ou du moins ils leur donnaient une surface unie. Quant aux cornalines et à quelques autres pierres dures, ils avaient l'habitude, comme les Égyptiens, de les tailler en scarabées; mais les sujets qu'ils y représentent sont tirés en grande partie des traditions grecques.

Le prix très-élevé des intailles et des camées les rendait naturellement inaccessibles aux classes moyennes et inférieures. On comprend donc qu'on les ait souvent imités en matières moins coûteuses, et de là le nombre considérable de pâtes de verre qui reproduisent parfois des ouvrages célèbres dont les originaux n'existent plus.

Les pierres fines qui ornent les bagues sont généralement entourées d'un chaton proprement dit, plus ou moins saillant, de forme variable et à ornements divers. Quelquefois cependant le chaton est remplacé par un simple élargissement de l'anneau qui s'aplatit sur le devant. Dans le plus grand nombre de cas, il n'y a qu'un seul chaton ; plusieurs bagues cependant en ont deux, l'un antérieur, l'autre postérieur, et quelquefois même les deux chatons sont placés sur le devant l'un à côté de l'autre.

Les bagues avec des initiales ou des noms complets, gravés en creux en sens inverse de leur forme et de leur direction naturelles, servaient évidemment de cachet ; mais une foule d'autres bagues gravées, sans inscription, remplissaient sans doute le même but, à une époque surtout où l'usage des petites serrures était encore très-peu répandu, et où l'on cachetait généralement les cassettes et les coffres qui renfermaient des objets précieux (1).

Les bagues ornées de deux mains jointes, de figures de l'Amour et de Psyché, etc., étaient proba-

---

(1) Dans les familles romaines, la femme semble avoir été dépositaire du cachet particulier de la maison. S. Clément d'Alexandrie, qui défend en général aux chrétiens l'usage des bijoux d'or, leur permet cependant celui des bagues à cachet.

10.

blement des bagues nuptiales (1). Celles où l'on voit des chars, des cavaliers, des animaux féroces, passent pour être des bagues d'athlètes, mais l'existence seule de ces figures ne nous semble pas autoriser suffisamment cette hypothèse.

A l'époque où les superstitions égyptiennes et orientales envahirent Rome, on prêta souvent des vertus magiques et miraculeuses à certaines bagues, à cause des pierres qui les ornaient, ou de la matière dont elles étaient faites (2). Les *Abraxas,* dont la bague n° **602** présente un exemple, étaient sans doute des amulettes ; d'autres pierres qui devaient aussi servir de talisman sont souvent ornées d'une étoile.

Les plus petites bagues sont probablement des bagues d'enfant ; quelques-unes cependant pourraient avoir été portées au petit doigt par de jeunes filles, ou même par des femmes adultes.

---

(1) A Rome cependant le fiancé n'envoyait à sa future femme qu'une simple bague en fer sans ornement, et cet usage existait encore du temps de Pline.

(2) Lucien cite entre autres une bague magique faite avec un morceau de fer arraché d'une potence ou plutôt d'une croix.

VII

BAGUES.

—

BAGUES ÉTRUSQUES DE STYLE ARCHAÏQUE; LE CHATON ELLIPTIQUE, TRÈS-SAILLANT, RENFERME UNE LAME ESTAMPÉE ET CISELÉE, OU GRAVÉE EN CREUX, ET ENTOURÉE D'UNE BORDURE.

ÉCRIN N° 39.

401. BAGUE D'OR. La lame, estampée et ciselée, représente Apollon sur un char traîné par deux chevaux ailés, poursuivant de ses flèches un homme et une femme qui s'enfuient (probablement Phlégyas et sa fille Coronis). Cette lame, décrite et représentée dans les *Annali dell' Inst. arch.*, 1846, table V, a été expliquée par M. de Witte dans le Bullet. de l'Acad. de Belgique, t. I, p. 246 (1). — L'anneau et le chaton avec

---

(1) Le même sujet est représenté sur la bague n° 2614 du cabinet des Camées de la Bibliothèque impériale.

leurs ornements cordelés sont modernes ; mais les Chi-
mères en haut-relief, placées des deux côtés de l'écusson, sont antiques.

402. BAGUE D'OR. La lame gravée représente le
char d'Admète attelé d'un lion et d'un sanglier ; devant lui deux figures, dont l'une célèbre l'arrivée d'Admète en tenant une palme dans sa main, tandis que
l'autre a jeté sa palme et s'enfuit en courant. L'anneau
et le chaton, d'une forme très-simple, sont antiques.

403. BAGUE D'OR. La lame gravée représente une
fontaine. L'eau sort d'une tête de lion et tombe dans
un grand bassin muni d'un pied. Un singe cynocéphale
est placé sur la fontaine ; un homme nu s'agenouille
devant lui (1) et regarde deux femmes qui s'approchent
de la fontaine du côté opposé. L'anneau et le chaton,
semblables à ceux du n° 402, sont modernes.

404. BAGUE D'OR. La lame gravée représente un
char traîné par un sphinx et un cerf et guidé par un
jeune homme coiffé d'un bonnet. Une femme, debout
dans le char, semble invoquer les dieux, pendant qu'un
être ailé, placé devant les animaux, se dirige en courant vers une personne ou un objet qui n'est point in-
diqué. L'anneau et le chaton, semblables à ceux des
n⁰ˢ 402 et 403, sont antiques.

405. BAGUE D'OR. La gravure de la lame représente
un char traîné par un sphinx et guidé par un homme

---

(1) Le culte égyptien du cynocéphale ne s'introduisit à Rome que
sous les empereurs ; mais il se pourrait qu'il eût été importé bien plus
tôt en Étrurie, par suite des relations commerciales qui existèrent de
bonne heure entre les Égyptiens et les Étrusques.

qui s'y tient debout. Une autre figure porte dans ses mains un bâton en forme de luth, et une biche se penche vers le char. L'anneau et son chaton bordé de grains d'or sont modernes.

406. BAGUE D'OR. La gravure de la lame représente un char conduit par un oiseau à tête humaine (1). Un autre oiseau semblable se trouve devant les chevaux. L'anneau et son chaton, simples et unis comme ceux des nᵒˢ 402-404, sont modernes.

407. BAGUE D'OR à lame estampée et ciselée, sur laquelle on voit une figure ailée, en course rapide, placée entre un sphinx et une panthère. L'anneau et la partie inférieure du chaton sont antiques et de forme très-simple; mais la bordure cordelée et granulée qui entoure la lame pourrait bien être moderne.

408. BAGUE D'OR complétement semblable à celle du nᵒ précédent.

409. BAGUE D'OR à lame estampée et ciselée, semblable à celle du nᵒ 407, avec la différence que le sphinx et la panthère ont respectivement changé de place. L'anneau et son chaton sont modernes.

410. BAGUE D'OR à lame estampée et ciselée, semblable à celles des trois numéros précédents, mais la figure ailée est placée entre un lion et une panthère. L'anneau et son chaton, à bord extérieur façonné, sont antiques et fourrés; par suite de l'oxydation, une partie du métal intérieur s'est répandue à la surface.

---

(1) L'oiseau à figure humaine était chez les Égyptiens et chez les Étrusques le symbole de l'âme. On le retrouvera aux nᵒˢ 713, 835 et 836.

411. Bague d'or à lame estampée et ciselée, semblable à celles des quatre numéros précédents. L'anneau et la partie inférieure du chaton sont antiques; comme ils sont fourrés, le métal intérieur oxydé a fait éclater son enveloppe.

412. Bague d'or à lame estampée et ciselée. Motif : deux hommes nus à cheval sur des lions. La bague entière semble être antique.

413. Bague d'or à lame gravée. Sujet : un lion ailé en face d'une Chimère; une fleur s'élève entre eux. L'anneau et le chaton sont modernes.

414. Bague d'or. La lame gravée représente un sphinx et une Chimère affrontés, séparés l'un de l'autre par une palmette. Un oiseau est placé au-dessous du sphinx. L'anneau et le chaton fourrés paraissent être antiques.

415. Bague d'or à lame estampée et ciselée. Sujet : un sphinx en face d'une Chimère. Le tout parfaitement intact et antique.

416. Bague d'or à lame estampée et ciselée, semblable à celles des deux numéros précédents. L'anneau, en simple fil d'or, et son chaton sont modernes.

417. Bague d'or. La lame, estampée et ciselée, ressemble, quant au sujet, à celles des nᵒˢ 414-416. L'anneau et le chaton, ornés de cordelé, sont modernes.

418. Bague d'or à lame estampée et ciselée. Motif : un sphinx et un quadrupède affrontés. L'anneau et le chaton, de forme très-simple, sont antiques.

419. Bague d'or. La lame, estampée et ciselée, re-

présente deux sphinx. L'anneau et la partie inférieure
du chaton sont antiques ; mais la collerette et les cordonnets qui ornent l'anneau et la lame sont modernes.

420. BAGUE D'OR à lame estampée et ciselée très-en-
dommagée. On y voit quelques restes de figures d'animaux. L'anneau et le chaton, à surface unie, sont modernes.

421. BAGUE D'OR à lame estampée et ciselée qui représente une Chimère et un cerf. L'anneau et le chaton
sont modernes.

422. BAGUE D'OR. La gravure de la lame, très-bien
conservée, représente deux chevaux ailés lancés au ga-
lop ; le conducteur est renversé à terre. L'anneau et
son chaton, de forme simple et à surface unie, paraissent être antiques.

423. PETITE BAGUE D'OR à lame gravée très-bien conservée. On y voit un lion et un cerf. L'anneau et le chaton sont antiques et massifs ; leur surface est entièrement unie.

424. BAGUE D'OR à lame gravée. On y voit un lion, un
cheval ailé et une oie placés l'un au-dessous de l'autre
dans un champ de forme ovale, semblable à un cartouche égyptien, mais entouré d'une ligne dentelée. L'anneau et son chaton sont antiques.

425. BAGUE D'OR à lame gravée, semblable à celle du
numéro précédent. Les trois compartiments du cartouche renferment, l'un trois pointes de flèche, l'autre
un lion ailé et le troisième un aigle renversé avec les
ailes déployées. Le chaton et l'anneau sont fourrés et
modernes.

426. Bague d'or à lame gravée, semblable à celles des deux numéros précédents. Au milieu du cartouche un cheval marin ; dans chacun des deux autres compartiments un aigle à ailes déployées, la tête dirigée vers le milieu. L'anneau et le chaton, de forme très-simple, sont fourrés, mais antiques.

427. Bague d'or à lame gravée, semblable à celles des n°s 424-426, mais d'un travail plus grossier. Le compartiment du milieu renferme un quadrupède ; chacun des deux autres porte deux oiseaux affrontés. L'anneau et le chaton antiques, de forme très-simple, sont fourrés, mais très-bien conservés. Le premier se renfle à la partie postérieure.

428. Bague d'or. La lame gravée présente une disposition semblable à celle des quatre numéros précédents. Par suite de l'oxydation du métal renfermé dans l'intérieur, les dessins sont devenus méconnaissables. L'anneau et le chaton sont antiques et fourrés.

BAGUES ÉTRUSQUES AVEC SCARABÉES EN PIERRES DIVERSES.

ÉCRIN N° 40.

429. Bague d'or avec un scarabée en agate blanche. La gravure du revers représente un homme qui court. L'anneau est formé d'un simple fil d'or, garni vers le chaton d'une spirale en cordelé.

430. Bague d'or avec un très-petit scarabée en cornaline dont la surface inférieure est unie. L'anneau, complétement uni, augmente de diamètre vers la partie postérieure.

431. BAGUE D'OR avec un scarabée en cornaline, à pattes en relief. Au revers, une femme ailée et drapée, assise à cheval. La moitié antérieure de l'anneau est entourée d'une torsade de fils d'or.

432. BAGUE D'OR avec un scarabée en cornaline, à pattes en relief. Au revers, un guerrier ailé, au repos, armé d'une cuirasse, d'un bouclier et d'un javelot. L'anneau est entouré, du côté du chaton, d'une spirale en fil d'or uni.

433. BAGUE D'OR avec un scarabée en cornaline, semblable à celles des deux numéros précédents, mais plus grande. Au revers une Chimère. L'anneau est entouré d'une spirale en fil d'or, comme ceux des n⁰ˢ 429, 431 et 432.

434. BAGUE D'OR avec un scarabée en cornaline, de petite dimension. Le revers porte une figure indistincte. L'anneau, formé par un fil d'or assez mince, est entouré, près du chaton, d'une spirale semblable à celle des trois numéros précédents.

435. BAGUE D'OR avec un scarabée en onyx blanc et noir. Au revers un animal marin. Anneau plat, dont la surface est creusée à deux sillons et qui est garni de deux rosettes ornées d'un astragale.

436. BAGUE D'OR avec un scarabée en cornaline. Au revers, un sphinx en style archaïque. L'anneau, qui simule un faisceau de fils cordelés, est garni de deux gorgerins et d'un chaton également cordelés, mais assez mal conservés.

437. BAGUE D'OR avec un scarabée en cornaline. A la face inférieure, un satyre penché en arrière et dansant; près de lui, une plante, une boule et une outre. Le tout

en style archaïque et d'un beau travail. L'anneau, à
large bande, légèrement convexe à l'extérieur, se termine par deux belles rosettes ornées de nœuds et d'astragales.

438. BAGUE D'OR avec un scarabée en onyx oriental
d'une grande beauté. Le revers ne porte qu'une simple
ligne. L'anneau, convexe à l'extérieur, mais concave à
l'intérieur, est bordé d'un astragale ; il est antique, ainsi
que son chaton ; mais le pivot qui traverse le scarabée
est moderne.

439. BAGUE D'OR avec un scarabée en onyx oriental,
à pattes en relief. A la face inférieure, Hercule luttant
avec le lion de Némée, gravure d'une grande finesse.
Dans le champ les trois lettres peu distinctes : A F O.
L'anneau, à large bande, convexe à l'extérieur, est orné
d'un astragale et de petits grains. Un gorgerin sert
d'appui à deux charnières qui soutiennent le scarabée.

440. BAGUE D'OR avec un scarabée en cornaline. La
gravure du revers, de style archaïque mais d'un travail
grossier, représente un cheval. L'anneau se compose
de deux fragments de pendants d'oreilles, de style
étrusque, qu'on a soudés ensemble et qui portent un
chaton moderne.

441. BAGUE D'OR avec un petit scarabée en cornaline,
à pattes en relief. La tête est brisée ; le revers présente une femme qui tient dans ses mains une couronne et une fleur avec sa tige ; le tout en style archaïque. L'anneau creux, renflé du côté postérieur, se termine en deux petits anneaux qui retiennent le scarabée, et dont l'un est uni, l'autre orné d'un astragale.

442. BAGUE D'OR avec un scarabée égyptien en pâte

de verre d'un blanc mat, avec quelques hiéroglyphes au revers. L'anneau plat, creusé à deux sillons, est garni de deux rosettes qui retiennent le scarabée; le tout d'un travail grossier.

443. BAGUE D'OR avec un scarabée en onyx oriental. La gravure du revers représente un cygne. L'anneau est formé de tresses cordelées, séparées l'une de l'autre par un fil uni ; il est bordé d'un astragale et ses deux extrémités sont garnies d'une spirale en fil d'or. Le point où le pivot pénètre dans la pierre est caché par un masque scénique ciselé.

444. BAGUE D'OR avec un scarabée en onyx, dont le revers représente un lion. L'anneau plat est façonné en sillons, séparés par deux petits cordonnets; il se termine de chaque côté par un petit gorgerin annelé qui retient l'onyx.

445. BAGUE D'OR avec un scarabée en cornaline brûlée. La gravure fort grossière de la face postérieure représente un homme, armé d'un bouclier et d'une lance, à cheval sur un taureau. L'anneau très-gros, mais creux, se termine de chaque côté par un antéfixe ciselé, pointillé et garni d'un rebord orné d'un astragale.

446. GROS ANNEAU D'OR de forme cylindrique, orné d'un scarabée égyptien. Il se termine de chaque côté par une pièce conique fixée sur un double chaton qui retient le scarabée. La surface de l'anneau et du chaton est entièrement couverte d'élégants dessins en granulé, semblables à ceux de la fibule n° 282. Par suite de l'oxydation, une partie du métal intérieur a brisé son enveloppe et s'est répandue au

dehors. Ce curieux échantillon d'orfévrerie étrusque, d'un usage inconnu, a été trouvé à Chiusi en même temps que la fibule susdite ; mais l'anneau est malheureusement brisé. (Voir Monum. Annali dell'Inst. arch., 1855, p. 53 et pl. 10.)

447. BAGUE D'OR avec un scarabée en pierre jaunâtre. Contrairement à l'usage général, la surface convexe, taillée en scarabée, se trouve du côté intérieur ; la surface plane, du côté extérieur ou antérieur de la bague, porte en creux un animal ailé. Deux têtes de lion, placées aux extrémités d'un large anneau, enserrent un élégant chaton qui renferme le scarabée.

448. BAGUE D'OR avec un scarabée égyptien en jaspe vert, dont la face plane porte en creux trois figures humaines ou divines. Un large anneau de style étrusque, à surface extérieure convexe, est orné de fils cordelés et d'un astragale. Les extrémités sont garnies d'un gorgerin en fil et en grains d'or et d'un cercle en astragale qui retient le scarabée. Ce dernier, quoique bien antique, n'a point primitivement fait partie de la bague dans laquelle il est enchâssé maintenant.

449. BAGUE D'OR avec un scarabée en onyx oriental. Au revers, un homme nu armé d'une massue et d'une dague. L'anneau, légèrement convexe à l'extérieur, est concave à sa face intérieure ; un élégant gorgerin entoure les extrémités et supporte deux fausses charnières qui retiennent le scarabée.

450. BAGUE D'OR avec un petit scarabée en onyx, dont la surface plane porte un cerf. L'anneau, terminé de chaque côté par un nœud coulant, se compose de deux fils dont le diamètre va en grossissant vers la

partie postérieure et qui sont séparés l'un de l'autre par un astragale.

451. BAGUE D'OR avec un scarabée en cornaline. Au revers, un animal marin grossièrement travaillé. L'anneau principal en fil d'or se termine de chaque côté par un très-petit anneau, à surface unie, qui retient un élégant chaton bordé de pointes triangulaires.

452. BAGUE D'OR avec un scarabée en cornaline. La gravure assez grossière de la face plane représente un lion au repos, la tête tournée en arrière. L'anneau cylindrique creux se termine par deux têtes d'animaux entre lesquelles se trouve un élégant chaton formé de fils d'or, les uns unis, les autres cordelés. Le scarabée est retenu par quatre antéfixes estampés.

453. BAGUE D'OR avec un scarabée en cornaline dont le revers porte un sphinx. Anneau en fil d'or avec un beau chaton en cordelé et en granules. Des deux côtés du chaton, une petite spirale en fil d'or.

454. BAGUE D'OR avec un scarabée en agate noire qui paraît être moderne. La gravure de la face plane représente un cavalier qui passe par-dessus un petit quadrupède. Gros et large anneau creux et moderne, orné du côté du chaton de fils cordelés.

455. BAGUE D'OR avec un onyx ovale perforé, à surface lisse. L'anneau, complétement uni, est formé d'un simple fil d'or, entouré près de l'onyx d'un autre fil en spirale.

456. SIMPLE BAGUE EN MINCE FIL D'OR, entourée sur le devant de deux petites torsades, sans scarabée ni chaton.

11.

BAGUES ÉTRUSQUES ORNÉES D'INTAILLES;
ANNEAU GÉNÉRALEMENT ÉLARGI A SA PARTIE ANTÉRIEURE.

ÉCRIN N° 41.

457. BAGUE D'OR ornée d'un grenat ovale. La gravure représente un chien qui court. L'anneau, à surface extérieure convexe, est massif.

458. BAGUE D'OR ornée d'une cornaline ovale. La gravure représente un aigle, les ailes déployées. L'anneau est mince, mais semblable de forme à celui du numéro précédent.

459. BAGUE D'OR ornée d'un onyx bleu sur fond noir, de forme ovale. Motif de la gravure : un acteur comique appuyé sur un bâton. Anneau semblable à ceux des deux numéros précédents, mais creux.

460. BAGUE D'OR ornée d'une agate noire ovale. Sujet de la gravure : un lion qui court. L'anneau massif ressemble à ceux des n°ˢ 457-459.

461. BAGUE D'OR ornée d'un morceau de jaspe rouge ovale. La gravure représente un héron dont le dos est taillé en masque d'homme, vu de profil; un lézard est placé devant lui. L'anneau, formé d'un gros fil en torsade, porte un chaton proprement dit.

462. BAGUE D'OR ornée d'un onyx ovale. La gravure représente Mercure avec le caducée. L'anneau creux, de forme semblable à ceux des n°ˢ 457-459, est assez déformé.

463. BAGUE D'OR ornée d'une cornaline ovale. Motif de la gravure : Minerve en marche, armée de son bou-

clier et de sa lance. L'anneau est creux et semblable à celui du numéro précédent.

464. BAGUE D'OR ornée d'un onyx rond. Sujet de la gravure : une belle tête d'aigle, et dans le champ les lettres : ⊙ M †

465. BAGUE D'OR ornée d'une pâte de verre noir en forme d'œil. La gravure représente une figure de femme. Un gros anneau creux porte un grand chaton assez saillant.

466. BAGUE D'OR ornée d'une cornaline ovale dont la gravure représente une femme drapée qui tient une branche dans la main droite. L'anneau est massif.

467. BAGUE D'OR ornée d'une belle cornaline orientale de forme ovale. On y voit gravée Cassandre qui s'est réfugiée auprès du Palladium. L'anneau est massif. Cette bague, ainsi que celle du numéro précédent, a été trouvée dans la tombe de Vulci dont il a été souvent question, et qui est décrite : Bull. dell' Inst. arch., 1857, p. 103.

468. BAGUE D'OR ornée d'un grenat ovale. Sujet de la gravure : un Amour avec un miroir placé devant une colonne. L'anneau massif est garni d'un chaton à large bande unie.

469. BAGUE D'OR ornée d'une cornaline ovale. Motif de la gravure : une colonne surmontée d'un vase et ornée latéralement de deux cornes d'abondance et de deux épis. L'anneau est creux.

470. BAGUE D'OR ornée d'une cornaline ronde sur laquelle on a gravé deux souris. L'anneau en fil assez mince est orné d'un chaton proprement dit.

471. BAGUE D'OR ornée d'une agate noire ronde. La gravure représente un homme portant une coupe; c'est probablement Ulysse qui s'approche de Polyphème en lui offrant une coupe de vin. L'anneau est creux.

472. BAGUE D'OR ornée d'un onyx ovale rouge brun entouré d'un bord gris. La gravure représente le corbeau d'Apollon. L'anneau est massif.

473. BAGUE D'OR ornée d'un onyx de forme ovale très-allongée. Sujet de la gravure : un griffon marin. L'anneau est creux.

474. BAGUE D'OR ornée d'une cornaline ronde. Motif de la gravure : Bellérophon en l'air sur le Pégase combattant la Chimère placée au-dessous de lui.

475. BAGUE D'OR ornée d'un onyx rond transparent. La gravure représente un sanglier assailli par un chien. L'anneau est massif.

476. BAGUE D'OR ornée d'une agate noire ronde. On y voit gravé un philosophe assis sur un siége. Dans le champ, en face de lui, la lettre M. L'anneau creux est fort élargi sur le devant.

477. BAGUE D'OR ornée d'un grenat en forme d'œil très-allongé. La gravure représente un petit Amour qui pose une couronne sur sa tête. Il est debout, les pieds croisés, et s'appuie contre un flambeau renversé. L'anneau est massif.

478. BAGUE D'OR ornée d'une pâte de verre bleu de forme ronde, avec l'empreinte d'un masque scénique. L'anneau est massif.

479. BAGUE D'OR ornée d'un cornaline ovale dont la gravure représente un taureau. L'anneau est creux.

480. BAGUE D'OR ornée d'un onyx ovale. Sujet de la gravure : un guerrier qui se couvre de son bouclier. L'anneau est creux.

481. BAGUE D'OR ornée d'une cornaline ovale. La gravure, semblable à celle du n° 472, représente le corbeau d'Apollon. L'anneau, fort élargi sur le devant, est creux.

482. BAGUE D'OR ornée d'un onyx ovale à fond rouge brun. On y voit représenté le serpent Agathodémon et un épi courbé sur sa tige (1). L'anneau est creux.

483. BAGUE D'OR ornée d'une cornaline ronde. Motif de la gravure : un cavalier gaulois sur un cheval qui s'abat; il est armé d'une double lance et d'un bouclier. L'anneau, formé de deux torsades séparées par un fil uni, porte un chaton rond proprement dit.

484. BAGUE D'OR ornée d'une cornaline ovale où l'on voit gravée une fourmi. L'anneau, façonné à jour, est orné d'un chaton réel.

---

(1) Le serpent Agathodémon, probablement identique au Knef ou Chnouphis égyptien, était l'emblème de la vie, de l'éternité et de l'infini, peut-être aussi de la sagesse. On le représente généralement avec un long corps de serpent à tête barbue ornée d'un diadème, avec deux pieds humains et une queue terminée en fleurs de lotus ou en épis.

BAGUES ÉTRUSQUES OU ÉTRUSCO-ROMAINES DIVERSES.

ÉCRIN N° 42.

485. BAGUE ÉTRUSQUE EN OR. L'anneau creux, à surface unie et convexe à l'extérieur, porte un chaton en forme d'œil, orné de moulures et d'un bas-relief estampé représentant un jeune homme qui tient sur ses genoux une femme drapée. L'écusson est fourré.

486. BAGUE ÉTRUSQUE EN OR, semblable à celle du numéro précédent, mais plus petite. L'anneau est convexe à l'extérieur, mais concave à l'intérieur.

487. BAGUE ÉTRUSQUE EN OR, semblable à celle du n° 485, avec la différence que le bas-relief représente un homme et une femme debout qui paraissent converser ensemble.

488. BAGUE ÉTRUSQUE EN OR MASSIF, semblable de forme à celles des n°s 485 et 487. Le bas-relief, entièrement ciselé, représente Mercure couché sur un lion et tenant son caducée de la main gauche.

489. BAGUE ÉTRUSQUE EN OR MASSIF. L'anneau ressemble à ceux des n°s 457, 459 et 460; mais le bas-relief est remplacé par un onyx, en forme d'œil, entouré d'une bordure ciselée d'une manière très-délicate.

490. BAGUE ÉTRUSQUE EN OR MASSIF, semblable à celle du numéro précédent, mais un peu plus petite.

491. BAGUE ÉTRUSQUE EN OR MASSIF, semblable à celles des n°s 489, 490. L'onyx antique est entouré d'une bordure moderne.

492. BAGUE ÉTRUSQUE EN OR, formée d'une bande en nattes cordelées avec des dessins également cordelés.

493. Bague étrusque en or, en forme de bracelet. Un fil d'or roulé en spirale à dix tours se termine en tête et en queue de serpent (1).

494. Belle bague étrusque en or, en forme de bracelet, représentant un serpent.

495. Bague étrusque en or, façonnée en forme de bracelet, à bande cordelée, et terminée par deux masques estampés. — Trouvée à Vulci en plusieurs pièces.

496. Bague étrusque en or, semblable à celle du numéro précédent, mais plus petite. Les extrémités sont ornées d'une rosette en petits grains.

497. Bague étrusque en or, semblable à celles des nos 495, 496, mais encore plus petite que la dernière. Les extrémités sont également ornées de rosettes.

498. Bague étrusque en or. Simple fil d'or contourné en spirale à la façon d'un bracelet; les extrémités sont renflées.

499. Bague étrusque en or, semblable à celle du nᵒ 498.

500. Bague étrusque en or. Anneau massif en forme de bracelet garni d'astragales et de cordelé; il se termine de chaque côté par une tête de bélier.

501. Bague étrusque en or, formée d'une bande rubanée tournée en spirale. Elle se termine de chaque côté par une tête d'animal très-déformée (probablement des têtes de serpent).

502. Bague étrusco-romaine en or. Un anneau en

(1) En raison de leur élasticité les bagues en forme de bracelet nos 493-501 pouvaient se porter à des doigts de grosseurs diverses. (Monum. Annal., etc., 1855, p. 53 et pl. 10.)

grosse torsade se termine par un nœud herculien formé de deux gros fils (l'un uni, l'autre façonné) et orné de six grains d'or.

503. BAGUE ÉTRUSCO-ROMAINE EN OR, semblable à celle du numéro précédent.

504. BAGUE ÉTRUSQUE EN OR. L'anneau mince, à surface unie, porte un nœud herculien d'une forme très-élégante en fil d'or uni, et se termine par deux petites feuilles en émail bleu bordées d'un astragale.

505. BAGUE ÉTRUSCO-ROMAINE EN OR, d'une forme très-curieuse. Elle se compose d'un anneau principal, en fil d'or bordé d'un astragale, et de deux demi-anneaux semblables qui viennent s'insérer, moyennant des charnières, aux bords supérieur et inférieur de l'anneau complet, de sorte que le devant semble composé de trois bagues. L'anneau principal est orné de deux chatons ; celui de devant renferme une pâte de verre verdâtre, le chaton postérieur contient un saphir. Les demi-anneaux sont garnis chacun d'un grenat.

506. BAGUE ÉTRUSCO-ROMAINE EN OR MASSIF. L'anneau, très-élargi sur le devant, est orné d'un chaton qui renferme un saphir à surface plane.

507. BAGUE ÉTRUSCO-ROMAINE EN OR MASSIF, semblable à la précédente, mais plus petite. Le chaton est dégarni de la pierre rectangulaire qui s'y trouvait.

508. BAGUE ÉTRUSCO-ROMAINE EN OR MASSIF, semblable à celles des n°s 506, 507. Le chaton très-saillant renferme un grenat de forme ovale à surface convexe.

509. BAGUE ÉTRUSQUE EN OR. L'anneau creux est un peu déformé ; il porte une émeraude opaque, ovale, à surface convexe.

510. BAGUE ÉTRUSQUE EN OR. L'anneau , semblable quant à la forme à ceux des nᵒˢ 506, 509, est massif et garni d'un grenat ovale à surface convexe.

511. BAGUE ÉTRUSQUE EN OR, semblable aux cinq bagues précédentes. Le chaton ovale a perdu sa pierre.

512. BAGUE ÉTRUSQUE EN BRONZE, semblable, quant à sa forme générale, à celles des six numéros précédents. La gravure de l'écusson représente une souris qui joue de la double flûte. Cette bague, très-oxydée, fut trouvée avec celles des deux numéros précédents dans la tombe de Vulci décrite au Bull. dell' Inst. arch., 1857, p. 103.

BAGUES ROMAINES ORNÉES DE PIERRES DIVERSES ; L'ANNEAU EXTÉRIEUREMENT CONVEXE EST PLAT A L'INTÉRIEUR.

ÉCRIN Nᵒ 45.

513. BAGUE D'OR avec un petit camée rond en agate blanche, représentant une tête d'enfant. Anneau mince, s'élargissant un peu sur le devant et orné d'un chaton.

514. BAGUE D'OR avec un camée en agate enchâssé dans une sorte de chaton carré et représentant un Amour dans une barque tirée par deux dauphins. Anneau large et creux élargi sur le devant.

515. BAGUE D'OR avec un camée en pierre dure de couleur grise. Il représente un sanglier assailli par un chien. Gros anneau creux, garni d'un chaton dont le bord est creusé à sillons.

516. BAGUE D'OR avec un camée en pierre dure, re-

présentant une tête de femme à cheveux flottants L'anneau est massif et s'élargit sur le devant.

517. BAGUE D'OR avec un camée en pierre dure représentant un masque scénique. L'anneau massif est grossièrement façonné en feuilles qui retiennent un chaton ovale à bord radié.

518. BAGUE D'OR avec un camée en pierre dure. On y voit une main dont l'index touche une oreille, et au-dessus l'inscription en relief : MNHMONEYE (Souviens-toi). L'anneau massif est orné d'un chaton saillant.

519. BAGUE D'OR avec un camée en cornaline, orné d'une tête d'enfant. L'anneau creux, façonné à l'extérieur en biseau, est garni d'un chaton ovale.

520. BAGUE D'OR avec une intaille en onyx. La gravure représente un éphèbe couvert d'une chlamyde et portant des fruits. Anneau massif, légèrement convexe à l'extérieur, orné d'un chaton et de six grains d'or, dont deux plus gros que les autres.

521. BAGUE D'OR avec un onyx de forme arrondie à surface unie. Gros anneau creux fortement endommagé.

522. BAGUE D'OR avec un camée en pierre dure de travail romain. Il représente un portrait de femme. L'anneau, fourré de plomb, porte un grand chaton en forme d'œil.

523. BAGUE D'OR avec une intaille en onyx, dont la gravure représente un bige traîné par deux coqs et conduit par un dauphin. L'anneau creux, très-élargi à la partie antérieure, est fortement endommagé.

524. BAGUE D'OR, semblable à celle du numéro précé-

dent, avec la différence que l'onyx, de forme ronde et à plusieurs zones concentriques, est complétement uni.

525. Bague d'or avec une intaille en onyx. Motif de la gravure : un guerrier armé d'un casque, d'une lance et d'un bouclier. Dans le champ, la légende moderne, d'une part M. OST., de l'autre ANH. La forme et la disposition des lettres, gravées en sens inverse, indiquent que la bague a dû servir de cachet. Large anneau plat et creux, fourré d'un alliage antique très-oxydé; l'intaille, peut-être antique, n'a point fait partie de la bague dans son état primitif.

526. Bague d'or avec un camée en émeraude orné d'une tête d'enfant vue de face. L'anneau creux s'élargit fortement à sa partie antérieure.

527. Bague d'or avec une intaille en améthyste. La gravure, toute moderne, représente Vénus adossée contre un gouvernail ; elle touche la jambe gauche de son bras droit. L'anneau mince est garni d'une sorte de chaton ovale.

528. Bague d'or avec une intaille en onyx, de forme ovale, très-saillante. La gravure représente une tête de bélier, et au-dessus les trois lettres I.A.L. placées en sens inverse, comme l'exige la nature d'un cachet. L'anneau est massif.

529. Bague d'or avec une intaille en onyx dont la gravure représente une Victoire ailée tenant dans ses mains une palme et une couronne. L'anneau massif, de forme bizarre, est orné d'un chaton à bord cannelé.

530. Bague d'or avec une intaille en onyx noir et bleu, de forme octogone. La gravure, grossièrement

exécutée, représente deux figures dont l'une a la tête radiée, et entre elles les lettres F. V. placées en sens inverse, comme celles des n°ˢ 525 et 528. L'anneau est massif. Le tout est d'une époque et d'un style inconnus.

531. BAGUE D'OR avec une intaille en onyx noir et bleu. Motif de la gravure : un scorpion. L'anneau, de forme bizarre, fourré de soufre, est garni d'un chaton ovale.

532. BAGUE D'OR avec une intaille en onyx de forme ovale. Sujet de la gravure : un petit aigle. Anneau massif très-large, orné d'un gros cordon et d'un rebord qui enchâsse l'onyx. Le tout d'un travail grossier.

533. BAGUE D'OR avec une intaille en onyx de forme ovale. La gravure, toute moderne, représente une figure de Diane. L'anneau plein est façonné à jour dans les parties voisines de la pierre.

534. BAGUE D'OR avec une intaille en onyx à bandes noire et blanche et de forme ovale. On y voit une brebis tenant dans sa bouche un objet indéterminé ; la gravure paraît être moderne. L'anneau creux est orné d'un chaton.

535. BAGUE D'OR avec une intaille en onyx ovale bleu et noir. On y voit gravé un éphèbe revêtu d'une chlamyde et tenant une tasse dans sa main. L'anneau est orné à sa partie antérieure de feuilles gravées en creux.

536. BAGUE D'OR avec une intaille en cornaline de forme ovale. Motif de la gravure : une panthère qui court et un thyrse. L'anneau, façonné des deux côtés de l'intaille, est orné d'un chaton.

537. Bague d'or, d'une forme très-particulière. L'anneau se compose d'une série de neuf petits chatons ornés d'un grenat. Le chaton principal, très-saillant, porte latéralement plusieurs cavités semi-circulaires, et à sa surface supérieure un petit profil de femme gravé en creux, mais un peu fruste.

538. Bague d'or avec deux intailles en jaspe. Sur l'une, on voit représenté l'Amour avec un flambeau; sur l'autre, Psyché avec un papillon. L'anneau est façonné à jour et creusé à sillon dans sa partie supérieure. Cette élégante bague a servi probablement d'anneau nuptial. [Voir cependant p. 114, note (1).]

539. Bague d'or avec une intaille en émeraude opaque. La gravure représente une figure humaine nue qui étend une draperie derrière elle. L'anneau massif s'élargit fortement à la partie antérieure.

540. Petite bague d'or avec une pâte de verre jaunâtre qui porte en creux l'inscription ΨΥΧΗ (Psyché,
ΧΑΙΡΕ
je te salue. Ou bien : Mon âme, je te salue, ou réjouis-toi). La manière dont les lettres sont gravées indique que la bague ne servait pas de cachet.

BAGUES ÉTRUSQUES ET GRÉCO-ROMAINES ORNÉES D'UN ÉCUSSON GRAVÉ EN CREUX.

ÉCRIN Nº 44.

541. Bague étrusque en or, de style archaïque. L'écusson elliptique, semblable à un cartouche égyptien, se divise en trois compartiments. La gravure représente, dans celui du milieu, trois figures humaines;

dans chacun des deux autres, un animal. Anneau en fil plein.

542. Bague étrusque en or avec un écusson de forme rhomboïdale. Motif de la gravure : une figure ailée courant rapidement. L'anneau est très-mince.

543. Bague étrusque en or avec un écusson ovale. On y voit Hercule poursuivant avec sa massue un lièvre ailé. Large anneau fourré, convexe à l'extérieur.

544. Bague étrusque en or avec un écusson ovale dont la gravure représente un lion. L'anneau est garni d'un astragale ; il se renfle du côté postérieur.

545. Bague étrusque en or avec un écusson en forme d'œil. Sujet de la gravure : un Génie ailé tenant dans chaque main une couronne ; devant lui, un candélabre, et dans le champ, d'une part, l'inscription ⊦CZNIN∈, de l'autre côté, IΣ.

546. Bague romaine en or avec un petit écusson ovale à surface complétement unie. L'anneau, en gros fil plein, est orné des deux côtés de l'écusson de quatre grains d'or.

547. Bague d'or avec un écusson ovale. On y voit gravée une tête de femme vue de face. L'anneau est convexe à l'extérieur.

548. Bague d'or avec un écusson ovale. La gravure représente Vénus à demi nue, et dans le champ deux colombes au vol. L'anneau massif est façonné intérieurement en biseau.

549. Bague d'or avec un écusson en forme d'œil. On y voit gravée une bacchante en danse orgiastique

tenant en main un thyrse et un serpent. L'anneau est massif.

550. Bague d'or avec un large écusson rond. Motif de la gravure : une bacchante tenant dans ses mains un thyrse et une épée. Anneau plat et massif.

551. Bague d'or avec un écusson ovale, dont la gravure représente un Amour volant ; il tient d'une main une couronne, de l'autre une corne d'abondance. L'anneau est massif.

552. Bague d'or avec un écusson en forme d'œil. Sujet de la gravure : une figure de Vénus nue et accroupie. L'anneau est massif.

553. Bague d'or avec un écusson ovale. On y voit gravée une femme qui porte un oiseau sur sa main droite ; dans le champ, devant elle, un croissant. L'anneau, semblable à ceux des cinq numéros précédents, est massif.

554. Bague d'or avec un écusson rond. La gravure représente une tête de femme vue de profil. L'anneau est massif.

555. Petite bague d'or avec un écusson ovale sur lequel on voit gravé un profil de femme. L'anneau est massif.

556. Bague d'or avec un écusson de forme rectangulaire. Sujet de la gravure : une panthère. L'anneau, en fil plein, est renflé à sa partie postérieure.

557. Bague d'or avec un écusson en forme d'œil, dont la gravure représente un taureau. L'anneau massif est façonné extérieurement en biseau.

558. Bague d'or avec un grand écusson ovale. Motif

de la gravure : une femme qui répand de l'encens sur un *thymiaterium* (espèce de cassolette en forme de candélabre) ; derrière elle, une plante et un thyrse. L'anneau est massif.

559. BAGUE D'OR avec un large écusson rond. On y voit gravée une femme dans une attitude semblable à celle du numéro précédent. Un Amour vole derrière elle en tenant dans la main une couronne qu'il semble vouloir lui placer sur la tête. L'anneau est massif.

560. BAGUE D'OR avec un écusson ovale dont la gravure représente une Victoire ailée assise ; de sa main étendue s'échappe un oiseau qui se dirige vers une couronne. L'anneau est massif.

561. BAGUE D'OR avec un petit écusson ovale. La gravure représente en profil une tête de Pan cornu. L'anneau, en fil plein, est orné de quatre grains d'or.

562. BAGUE D'OR avec un écusson ovale. La gravure, très-fruste, paraît représenter une figure humaine et une Victoire ailée qui élève la main droite. L'anneau plat est massif.

563. BAGUE D'OR avec un très-petit écusson de forme rectangulaire. La gravure, très-fruste, représente un animal indistinct. L'anneau est formé d'un fil très-mince. Le tout semble indiquer une origine étrusque.

564. BAGUE D'OR. Un simple élargissement de l'anneau y remplace l'écusson. La gravure représente une Victoire ailée qui tient une guirlande en main. L'anneau est massif.

565. BAGUE D'OR, semblable, quant à la forme, à celle du numéro précédent. On y voit gravée une femme qui

tient une couronne dans sa main gauche, tandis qu'elle étend le bras droit. L'anneau est massif.

566. BAGUE D'OR avec un écusson ovale sur lequel est gravé un foudre. L'anneau est massif.

567. BAGUE D'OR avec un petit écusson ovale un peu élargi. La gravure représente un paon. L'anneau est massif.

568. BAGUE D'ENFANT EN OR avec un petit écusson ovale. On y voit gravée une Victoire. L'anneau est plein.

BAGUES ROMAINES DE FORMES DIVERSES.

ÉCRIN N° 45.

569. BAGUE D'OR avec un écusson ovale uni. La surface extérieure de l'anneau est façonnée en biseau.

570. BAGUE D'ENFANT EN OR. Simple anneau façonné extérieurement en biseau et renflé vers le milieu.

571. BAGUE D'ENFANT EN OR avec un écusson uni en forme d'un bouton plat. L'anneau est convexe à l'extérieur.

572. BAGUE D'OR avec un gros chaton de forme bizarre. Le bas-relief qu'il renferme représente, au milieu de branches de vigne, le triomphe de Bacchus porté sur une panthère. L'anneau est concave à l'intérieur.

573. BAGUE D'OR avec un chaton ovale orné de fils cordelés. Le petit écusson d'or ciselé qu'il supporte représente l'Amour qui a déposé au pied d'un arbre

son arc et son carquois et qui s'appuie sur une houe en étendant sa main droite; dans le champ, un papillon et l'inscription NIKA (sois vainqueur, ou : Victoire). Le chaton a subi quelques restaurations modernes; l'anneau cylindrique est fourré.

574. PETITE BAGUE D'OR. Simple anneau légèrement convexe à l'extérieur ; il s'élargit sur le devant.

575. BAGUE D'OR avec un écusson rond orné d'un astragale et enchâssant une tête d'enfant ciselée. Large anneau qui s'élargit encore sur le devant.

576. BAGUE D'OR, ornée d'une figurine en haut-relief qu'on y a rapportée. Une femme drapée (peut-être Hygiée) tient une patère de la main droite, et, entre son corps et le bras gauche, un serpent. L'anneau plat et uni s'élargit sur le devant.

577. BAGUE D'OR, ciselée en forme de serpent roulé.

578. BAGUE D'OR avec un grand chaton ciselé. Une restauration moderne y a inséré une médaille d'or de Palerme représentant d'une part la tête de Cérès ornée d'épis, et de l'autre un cheval. L'anneau, formé d'une large bande garnie de fils cordelés, est orné près du chaton de quatre grains d'or.

579. BAGUE D'OR. L'anneau est formé d'un gros fil contourné en nœud, et se termine sur le devant par deux bustes de femme. Toutes deux ont la tête voilée ; mais l'une porte comme coiffure le *modius*, et l'autre deux feuilles ou deux plumes dressées. Ce sont peut-être les têtes de Cérès et de Proserpine.

580. BAGUE D'OR. Anneau massif ciselé, terminé de chaque côté par une tête de serpent ; le reste de l'anneau figure le corps écaillé du reptile.

581. BAGUE D'OR avec un petit écusson ovale ciselé en haut-relief et représentant un buste de Minerve armée d'un casque à triple crinière et de son égide. L'anneau est massif.

582. BAGUE NUPTIALE (?) EN OR. Large anneau creux à surface extérieure convexe complétement unie. [Voir la note (1), p. 114.]

583. BAGUE D'OR. Anneau massif à surface taillée en facettes. Il s'élargit sur le devant et porte l'inscription : AYX gravée en sens droit.
ANE

584. BAGUE D'OR avec un écusson ovale très-saillant qui porte l'inscription MAI MACRINI FELICIT T. R gravée en sens droit. L'anneau est creux.

585. BAGUE D'OR avec un écusson de forme rectangulaire qui porte l'inscription : C. IVST VS. FO MELLA gravée en sens droit. L'anneau massif est façonné à jour.

586. BAGUE D'OR avec une écusson rectangulaire sur lequel on lit : SER EGI AN gravé en sens droit. L'anneau est grossièrement ciselé en feuillage, et le tout indique une époque de décadence dans l'art de l'orfévrerie.

587. BAGUE D'OR avec un écusson en forme d'œil qui porte l'inscription, gravée en sens droit : ATARA VERTI G AIA. L'anneau massif, d'une belle forme, est façonné en biseau.

588. Petite bague d'or, d'une forme toute particulière, ornée de deux écussons. La face antérieure de
l'anneau porte un écusson ovale sur lequel est gravée une crevette, et au-dessous les lettres K. P. C.
placées en sens inverse, comme l'exige la nature d'un
cachet. A côté de cet écusson, on lit en sens droit d'une
part : C R AS, de l'autre SICI. L'écusson de la partie
postérieure est plus petit et taillé en forme d'œil ; on y
voit gravée une souris. L'anneau massif est de forme
ovale ; sa partie extérieure latérale est façonnée en
saillie ou en biseau.

589. Petite bague d'or, garnie d'un écusson ovale
rapporté. On y lit l'inscription : $\frac{MAL}{IVS}$ gravée en sens
droit. L'anneau est taillé à facettes et s'élargit sur le
devant.

590. Bague d'or avec un écusson ovale sur lequel
sont gravées une coquille marine (un cône à hélice),
et tout autour, en sens droit, les lettres F G C. L'anneau
est massif.

591. Petite bague d'or, ornée d'une petite émeraude
perforée. Anneau formé d'un mince fil d'or.

592. Petite bague d'or avec un chaton orné d'une
pâte de verre bleu en forme d'œil. Anneau massif à
surface unie, convexe à l'extérieur.

593. Bague d'or avec un chaton orné d'un grenat
rond. Anneau simple à surface unie.

594. Bague d'or avec un chaton de forme rectangulaire renfermant une belle émeraude. L'anneau ressemble à celui du n° 593.

595. Bague d'or avec un écusson ovale sur lequel

sont gravés un dauphin et dans le champ quatre étoiles (peut-être quatre petits oiseaux). Simple anneau massif.

596. BAGUE D'OR avec un chaton rond très-saillant qui renferme une pâte de verre verdâtre. Anneau plat qui s'élargit sur le devant.

BAGUES DIVERSES.

ÉCRIN N° 46.

597. BAGUE D'ARGENT ornée d'une intaille en jaspe rouge. La gravure représente une femme drapée couchée ; elle tient d'une main deux épis et une tête de pavot, de l'autre elle tire à elle une branche de vigne. L'anneau massif s'élargit fortement sur le devant. — Trouvée à Rome, aux bords du Tibre, près de la Porta Portese.

598. BAGUE ROMAINE EN BRONZE ornée d'une intaille en jaspe rouge dont la gravure représente le buste de Diane vue de profil. Anneau simple et uni.

599. BAGUE ROMAINE EN BRONZE ornée d'une intaille en cornaline. La gravure représente une tête de femme, vue de profil, les cheveux couverts d'un voile. Anneau simple et uni.

600. BAGUE DE BRONZE ornée d'une intaille en cornaline. Motif de la gravure : une tête de Diane ceinte d'un diadème ; dans le champ un arc et un carquois. L'anneau, simple et uni, présente encore quelques restes de dorure.

601. GRANDE BAGUE DE BRONZE PLAQUÉ D'OR ornée

d'une intaille en onyx. Sujet de la gravure : un guerrier blessé soutenu dans sa marche par son compa-
gnon. L'anneau ne s'élargit point sur le devant.

602. BAGUE D'OR avec un grand chaton orné d'un
Abraxas (1) en agate noire. La gravure représente
une figure humaine fantastique qui porte un bouclier ;
au-dessous l'inscription basilidienne CAΒΛШ, et
dans le bouclier 1Ϟ. L'anneau massif, élargi sur le
Ш
devant comme ceux des nᵒˢ 597-600, est orné de chaque côté du chaton de dix grains d'or, disposés en
pyramide, et de deux grains plus gros. — Cette bague,
parfaitement conservée, fut trouvée à Rome, en 1861,
près de l'église de la Madonna dell' Orto, dans le
Trastevere.

603. BAGUE D'OR sur laquelle une restauration moderne a rapporté un écusson antique, étrusque, orné
d'une tête de Gorgone estampée. L'anneau est creux.

604. BAGUE D'OR DU BAS-EMPIRE avec un chaton ovale
orné d'un bas-relief ciselé représentant deux mains
jointes. L'anneau, formé d'un fil en torsade, est garni
d'ornements divers.

---

(1) On désigne sous ce nom des intailles représentant des emblèmes
et des figures symboliques qui correspondent à un système religieux
formé d'un amalgame de doctrines égyptiennes, perses et gnostiques.
Le nom d'*Abraxas* se trouve gravé sur un grand nombre de ces
pierres ; les lettres dont il se compose, ajoutées d'après leur valeur
numérique en grec, produisent le nombre 365, qui joue un grand
rôle dans les systèmes gnostiques de l'émanation. Les Abraxas portent
aussi le nom de *pierres basilidiennes*, du nom de l'hérésiarque Basi-
lide, qui mourut dans la première moitié du second siècle. Ces sortes
de pierres étaient probablement des amulettes.

605. Bague d'or avec un chaton de forme singulière, très-saillant et surmonté d'une tête d'enfant ciselée. L'anneau massif est également ciselé.

606. Bague d'or du neuvième siècle et d'un caractère sacerdotal. L'anneau massif est façonné à jour et taillé en biseau. Au lieu de chaton, il porte une espèce de petite chapelle surmontée d'un toit en forme de pyramide quadrangulaire. — Cette bague a été trouvée au même endroit et dans le même temps que celle du n° 602.

607. Bague épiscopale byzantine en or ornée d'une émeraude carrée. Anneau convexe à l'extérieur, orné de fils et de grains d'or disposés en feuilles de vigne.

608. Bague d'or avec un chaton uni, à bords saillants, qui renferme une émeraude de forme rectangulaire. L'anneau creux est orné de feuilles ciselées.

609. Bague d'or de l'époque carlovingienne, ornée de griffes qui servent de chaton et qui enchâssent une émeraude opaque perforée. Anneau massif.

610. Bague d'or avec un large chaton orné de deux morceaux de verre antique entre lesquels se trouve une figurine en feuille d'or représentant une danseuse avec une grande couronne sur la tête. Anneau simple.

611. Grande bague étrusque mortuaire en or avec un chaton moderne, à bords godronnés; il renferme un camée en pierre dure représentant une tête d'empereur romain. L'anneau, primitivement creux, a été rempli de plomb par suite d'une restauration moderne.

612. Bague d'or avec un chaton octogone orné d'une

intaille en cornaline. La gravure représente deux oiseaux, une lyre, un buste sur une longue colonne et un serpent ailé. L'anneau est massif.

613. Bague d'or avec un chaton moderne orné d'une intaille en cornaline brûlée. Motif de la gravure : Diomède à genoux, brandissant sa dague de la main droite et tenant le Palladium de l'autre. Anneau simple.

614. Bague d'or avec un chaton ovale orné de fils cordelés et d'un masque antique estampé. Anneau plat bordé de cordelé. L'agencement de ces diverses parties est évidemment moderne.

615. Bague d'or avec un chaton moderne de forme ovale bordé de plusieurs cercles en fil d'or et en granules et orné d'une intaille en agate noire. Sujet de la gravure : une femme à mi-corps qui semble regarder sa main. L'anneau creux est antique.

616. Bague d'or avec un chaton renfermant une intaille en améthyste. On y voit gravés Léda et le cygne. L'anneau et son chaton sont modernes.

617. Bague d'or avec un chaton orné d'un camée représentant une tête de femme. L'anneau et son chaton sont modernes.

618. Bague d'or moderne ornée d'une intaille ovale en cornaline bleue. La gravure représente une femme assise, tenant d'une main un sceptre et de l'autre une patère. L'anneau est creux.

619. Bague d'or avec un chaton orné d'une intaille en onyx. Motif de la gravure : Hercule abattant le centaure Nessus. L'anneau et le chaton sont modernes; on y voit la marque du contrôle.

620. BAGUE D'ARGENT avec un chaton saillant qui porte une intaille antique en cornaline. On y voit gravé un taureau. L'anneau et son chaton sont d'une époque inconnue.

621. BAGUE ORIENTALE EN ARGENT avec un chaton ovale orné d'une intaille en agate noire de travail assyrien (?). Motif de la gravure : une figure humaine ailée. L'anneau massif, simple du côté postérieur, est façonné, des deux côtés du chaton, à triple bande pennée.

622. BAGUE DE PLOMB ornée d'une intaille en onyx dont la gravure représente un petit Amour sur un lion, tenant un thyrse dans sa main; comme légende, d'une part : IACLOE, et de l'autre : COMIN. Les lettres, gravées en sens inverse, indiquent que la bague a dû servir de cachet. L'anneau est moderne.

623. BAGUE D'ARGENT ornée sur le devant d'un lion gravé en creux. Le travail semble indiquer un ouvrage du treizième siècle.

624. GROSSE BAGUE D'OR DU MOYEN AGE avec un chaton dépourvu de sa pierre. Large anneau creux orné de feuilles ciselées.

BAGUES ÉTRUSQUES, ROMAINES ET GRECQUES, AVEC
ÉCUSSON GRAVÉ EN CREUX.

ÉCRIN N° 47.

625. BAGUE ÉTRUSQUE EN ARGENT. Un gros anneau plein s'élargit sur le devant et y forme une sorte de losange dont les bords sont légèrement concaves et qui sert d'écusson. La gravure représente un cavalier

13.

avec un cheval libre : à côté de lui et plus bas un dauphin. L'anneau est garni des deux côtés du losange d'une collerette en gros grains.

626. BAGUE ÉTRUSQUE EN ARGENT, semblable à celle du n° précédent. La gravure représente un lion qui déchire un animal.

627. BAGUE ÉTRUSQUE EN ARGENT, semblable à celles des n⁰ˢ 625 et 626. On y voit représentée une panthère qui tient une biche entre ses dents.

628. BAGUE ÉTRUSQUE EN ARGENT, semblable aux trois précédentes. On y voit gravé un lion à deux corps avec une seule tête ; dans le champ un serpent.

629. BAGUE ÉTRUSQUE EN ARGENT, semblable, quant à sa forme générale, aux quatre bagues précédentes, mais plus petite et dépourvue de collerette. On y voit gravé un poisson.

630. BAGUE ÉTRUSQUE EN ARGENT, semblable à celles des n⁰ˢ 625-629. Sujet de la gravure : un cheval marin tourné du côté droit.

631. BAGUE ÉTRUSQUE EN ARGENT, semblable à celle du n° 630. Le cheval marin est tourné du côté gauche.

632. BAGUE ÉTRUSQUE EN ARGENT. L'anneau, renflé à sa partie postérieure, s'aplatit sur le devant ; on y remarque la tête d'une pointe d'or. Les dessins gravés sont méconnaissables.

633. PETITE BAGUE D'ARGENT brisée. L'écusson est rond ; la gravure représente une figure assise tenant une couronne.

634. PETITE BAGUE D'ARGENT. Le devant de l'anneau

est aplati en écusson ovale; on y voit gravée une colombe.

635. BAGUE ÉTRUSQUE EN PLOMB. L'anneau plein se renfle vers la partie postérieure; il est orné d'un écusson ovale en or dont la gravure représente un sphinx.

636. BAGUE ROMAINE EN ARGENT. L'anneau s'aplatit sur le devant et y forme un écusson ovale. Sujet de la gravure : une tête de profil.

637. BAGUE GRECQUE EN ARGENT. L'écusson est de forme ovale. La gravure représente Vénus drapée et assise; elle tient une colombe dans sa main. Dans le champ les lettres : ΩNH, gravées probablement en sens droit, comme semble l'indiquer la forme de l'N.

638. BAGUE ROMAINE EN ARGENT. L'anneau à bande plate, légèrement convexe à l'extérieur, s'élargit sur le devant en écusson ovale. Motif de la gravure : un animal fantastique, moitié quadrupède et moitié oiseau.

639. BAGUE ROMAINE EN ARGENT PLAQUÉ D'OR. L'anneau est taillé à facettes : sur l'écusson octogone une tête d'homme, vue de profil.

640. BAGUE GRÉCO-ROMAINE EN ARGENT. L'anneau est orné d'une tête de pointe en or; l'écusson est en forme d'œil. La gravure représente une figure de Vénus semblable à celle du nº 37. Dans le champ une colombe.

641. BAGUE GRÉCO-ROMAINE EN ARGENT avec un écusson ovale. Motif de la gravure : Thétis sur un cheval marin, portant le bouclier d'Achille. La tête de Thétis a beaucoup souffert.

642.   Bague étrusque en argent. L'anneau, de profil triangulaire, porte un écusson en forme d'œil sur lequel on voit gravé un lion.

643.   Bague gréco-romaine en argent. L'écusson, en forme de quadrilatère irrégulier, est orné d'une tête de sanglier. Dans le champ les lettres : O Ꝙ M.

644.   Bague gréco-romaine en argent. L'écusson ovale est entouré d'un chaton divisé en deux par une bande d'or. La gravure représente une femme assise, tenant une couronne.

645.   Bague gréco-romaine en argent. L'écusson, de forme presque ronde, est orné d'une tête de pointe en or. La gravure très-fruste représente une femme assise.

646.   Bague gréco-romaine en argent avec un écusson en forme d'œil. Motif de la gravure : une femme qui marche en tenant une couronne.

647.   Bague d'argent, d'une époque inconnue. L'anneau, renflé à sa partie postérieure, porte un écusson ovale. La gravure représente deux satyres à genoux; l'un d'eux porte un thyrse.

648.   Bague gréco-romaine en argent avec un écusson ovale. On y voit gravée une Victoire ailée tenant une guirlande dans chaque main.

649.   Bague gréco-romaine en argent avec un écusson ovale. La gravure représente une femme assise qui étend ses deux mains vers un objet indéterminé.

650.   Bague d'argent. Sur l'écusson ovale on voit gravé un poëte assis tenant une lyre.

651.   Bague d'argent, d'une époque inconnue. L'an-

neau, orné de fleurs gravées, porte un écusson rond.
Motif de la gravure : un oiseau. La bague présente
encore quelques légers restes de dorure.

652. BAGUE ROMAINE EN ARGENT. L'anneau s'élargit
sur le devant en écusson ovale. La gravure représente
une figure d'homme, la tête couverte d'un casque en
forme de dauphin.

BAGUES DIVERSES.

ÉCRIN N° 48.

653. BAGUE ROMAINE EN ARGENT. L'anneau massif est
ciselé en écailles et se termine de chaque côté par une
tête de serpent.

654. BAGUE ÉTRUSQUE EN ARGENT. L'anneau, formé
d'un fil plein, se renfle à sa partie postérieure et se
termine de chaque côté par une volute et un petit gorgerin en or.

655. BAGUE ÉTRUSQUE EN ARGENT. Assez semblable à
celle du n° précédent. L'anneau se termine de chaque
côté par une tête d'animal avec des cornes de bélier.

656. BAGUE EN ARGENT DORÉ. Elle est antique, mais
d'une époque inconnue. L'anneau est formé d'un fil
contourné en spirale à quatre tours.

657. BAGUE D'ARGENT. L'anneau en fil plein porte
un écusson en forme d'œil orné de feuillage. C'est
peut-être un ouvrage du treizième siècle.

658. Bague romaine en bronze. L'anneau, en bande plate unie, porte un petit écusson carré sur lequel se trouve gravé un X.

659. Bague romaine en argent. L'anneau plein, élargi sur le devant, porte un chaton rond et mobile percé de quatre trous. A la partie supérieure on voit une tête d'homme vue de profil et ciselée en relief. Il ne paraît point qu'elle ait fait partie de la bague primitive.

660. Bague romaine en argent. L'anneau est formé par une large bande creusée en quatre cannelures séparées l'une de l'autre par des filets et des astragales. L'écusson, entouré d'un bord à moulures, est percé de deux trous et porte le profil ciselé d'un jeune homme.

661. Bague étrusco-romaine en argent. Anneau plein; un écusson bizarre, de forme rectangulaire, s'y trouve fixé par une charnière; il est orné de deux têtes de pointes en or et d'un cheval marin gravé en creux.

662. Bague d'argent. L'anneau est orné latéralement de deux lignes perpendiculaires l'une à l'autre et formées de gros grains. Le devant porte deux chatons de forme rhomboïdale accouplés et saillants.

663. Bague d'argent du moyen age. L'écusson, en forme d'œil, est orné de fil d'argent et de plusieurs grains, dont deux en or.

664. Bague de bronze, formée d'un simple fil plein.

665. Bague de bronze, d'une époque inconnue. Elle

porte une agate noire perforée et mobile comme les scarabées. La surface supérieure convexe présente une tête de nègre, et la surface inférieure plane est ornée d'un quadrupède gravé en creux.

666. Bague d'argent, ornée d'un saphir ovale. On y voit en creux le monogramme chrétien ☧ (1) entre deux branches de palmier.

667. Bague d'argent. L'anneau est orné d'une cornaline ronde qui porte en creux un agneau et une croix entourés d'un couronne de feuilles de palmier.

668. Bague de bronze. L'anneau, formé d'un simple fil plein, porte un écusson saillant quadrangulaire. La gravure en creux représente le symbole de la colombe tenant dans son bec une branche d'olivier.

669. Bague d'argent. Le petit écusson rond porte l'inscription probablement chrétienne : ΠЄ (Petrus).

ΤΡΟ
C

Les lettres, gravées en creux et en sens inverse, prouvent que la bague était destinée à servir de cachet.

670. Bague romaine en bronze. L'anneau massif, taillé latéralement en biseau, est creusé en sillons et s'élargit sur le devant. Il porte un écusson saillant, de forme ovale, entouré de la légende : ISAPOEO et surmonté d'un autre écusson de même forme, mais plus petit, sur lequel on lit en caractères plus petits : AVGVRI NIKA. Les lettres, incrustées d'argent, sont disposées de la manière suivante :

---

(1) Ce sont les deux lettres initiales grecques du nom de ΧΡΙΣΤΟΣ (Christus). Ce monogramme se trouve fréquemment dans les inscriptions chrétiennes, surtout dans celles des catacombes.

671. Bague romaine en bronze. L'anneau porte un buste de Jupiter Sérapis, ciselé en haut relief.

672. Bague romaine en argent. L'anneau en bande plate est façonné à deux tresses, séparées l'une de l'autre par trois fils unis.

673. Bague romaine en bronze. L'anneau, sillonné de stries, porte un écusson rond sur lequel on voit une araignée, gravée au trait.

674. Bague romaine en bronze. L'anneau, convexe à l'extérieur, s'élargit sur le devant. L'écusson porte une figure indistincte, grossièrement gravée.

675. Bague romaine en bronze. L'anneau plein porte un écusson sur lequel est gravé un scorpion.

676. Bague de bronze. L'anneau, élargi sur le devant, est orné d'une pâte de verre imitant un onyx. L'empreinte représente des taureaux.

677. Bague de bronze. L'anneau porte un chaton façonné en forme de clef.

678. Bague de bronze, semblable à celle du numéro précédent, mais plus petite.

679. Anneau de bronze avec un chaton en clef.

680. Bague de bronze. L'anneau massif s'élargit sur le devant en écusson ovale, à surface unie.

VIII

PIÈCES DÉTACHÉES.

———

PIÈCES DÉTACHÉES ET FRAGMENTS DIVERS DE BIJOUX
OU D'AUTRES ORNEMENTS.

ÉCRIN Nº 49.

681. PETITE AMPHORE ÉTRUSQUE EN OR ESTAMPÉ.

682. DEUX GLANDS EN OR, réunis par une agrafe. Travail étrusque.

683. PETIT GLOBE EN FIL D'OR, façonné à jour et orné d'astragales et de godrons. Il a probablement fait partie d'un collier étrusque.

684. GLOBE D'OR, semblable à celui du numéro précédent, mais plus petit.

685. FRAGMENT D'UNE GRANDE PLAQUE FUNÉRAIRE EN OR. Elle est garnie de figures et d'élégants dessins en grains d'or ; le tout porte le caractère de l'ancien style étrusque.

686. GLOBE D'OR, semblable à celui du n° 683.

687. AMPHORE EN OR, à surface unie avec belière.

688. PETIT GLOBE D'OR A JOUR, semblable à ceux des n°ˢ 683, 684, 686.

689. COLOMBE EN OR ESTAMPÉ, ornée de dessins en astragale. C'est probablement une pièce détachée d'un collier étrusque.

690. COLOMBE EN OR ESTAMPÉ, plus petite que celle du numéro précédent et dépourvue de dessins en astragale.

691. COLOMBE EN OR ESTAMPÉ, complétement semblable à celle du n° 689.

691 *bis*. COLOMBE EN OR ESTAMPÉ, entièrement semblable à celle du n° 690.

692. TÊTE DE LION EN OR. Reste d'un ornement étrusque ; c'est peut-être le pendant des têtes n°ˢ 694 et 735.

693. TÊTE DE LION EN OR. Le cou est entouré d'un collier tressé. Fragment d'un pendant d'oreille étrusque.

694. TÊTE DE LION EN OR. La bouche et les yeux sont en creux ; le collier est godronné. Cette tête servait peut-être au même usage que celles des n°ˢ 692 et 735.

695. TÊTE FANTASTIQUE EN OR, d'un élégant style étrusque. La crinière est façonnée en diadème ; les sourcils sont faits en cordelé.

696. LAME D'OR ESTAMPÉE représentant un lion au repos. La queue est façonnée en fils cordelés.

697. LAME D'OR ESTAMPÉE, représentant une harpie. Style égyptien.

698. Pièce étrusque en or, d'un usage inconnu. Elle est ornée d'un astragale très-fin et de petites demi-poires estampées et hérissées de pointes fines; le tout d'un travail fort élégant.

699. Lame d'or estampé, représentant un scarabée, les ailes ouvertes. Style égyptien.

700. Lame d'or estampé, représentant un lion au repos semblable à celui du n° 696.

701. Fragment d'un pendant d'oreille en or, de style étrusque. Il est garni de lentilles et de grains d'or dont la disposition rappelle la forme de plusieurs pendants d'oreilles de l'écrin n° 7.

702. Fragment d'un pendant d'oreille en or, de style étrusque. Un croissant est orné d'un astragale et de cordelé.

703. Fragment d'un pendant d'oreille en or, de style étrusque. Quatre lentilles, dont chacune est ornée d'un groupe de quatre grains d'or; disposition semblable à celle du fragment n° 701.

704. Lame d'or, ornée d'une petite idole égyptienne estampée, avec quelques dessins gravés en creux.

705. Amulette égyptien en or, représentant une harpie à ailes étendues. Le devant du corps et des ailes est plat et uni; la surface postérieure est toute garnie d'émaux cloisonnés de couleurs diverses. La figure est très-bien ciselée.

706. Amulette égyptien en or. Lame estampée, ornée d'une figure humaine, à tête d'animal, qui tient un bâton.

707. Fragment d'un pendant d'oreille en or, de

l'époque carlovingienne. Demi-boule garnie de petits anneaux disposés en croix ; le disque qui la couvre est façonné en petits grains et orné d'une fleur centrale en lamelles cordelées. Les formes et le travail rappellent le style des pendants d'oreilles n°ˢ 158, 162, 164, 166.

708. TÊTE DE CHEVAL EN OR ESTAMPÉ. Pièce détachée d'un collier.

709. FEUILLE EN OR ESTAMPÉ, très-mince. Fragment d'un diadème.

710. FIGURINE DE FEMME DRAPÉE, en or estampé. Les bras manquent.

711. CIGALE EN OR ESTAMPÉ, munie d'une belière. Pièce détachée d'un collier étrusque (1).

712. FIGURINE DE FEMME DRAPÉE, EN OR estampé et ciselé. Elle est couronnée d'un diadème radié garni d'émail : le collier et les yeux sont également émaillés. De la tête pendent deux longues tresses ; elle tient dans sa main un cordon en torsade. Le tout porte le caractère de l'ancien style étrusque.

713. OISEAU A TÊTE HUMAINE EN OR, et de travail égyptien (2). Il est dégarni des émaux dont il était orné.

714. FIGURINE EN OR, semblable à celle du n° 712, avec la différence qu'elle ne porte ni collier, ni lou-

----

(1) Les dames athéniennes portaient dans leurs cheveux des cigales d'or, et de là le surnom de τεττιγοφόροι (porteuses de cigales) qu'on leur donnait quelquefois. Ce petit animal, un des attributs d'Apollon, était du reste fort estimé des Grecs ; on l'enfermait souvent dans de petites cages de jonc, et on le nourrissait avec des poireaux.

(2) Voir la note du n° 406.

gues tresses, que la draperie n'est pas la même et que les yeux ne sont pas émaillés.

715. Cigale en or estampé, semblable à celle du n° 711.

716. Petite idole d'or, représentant un enfant qui pose sur sa bouche l'index de la main droite ; sa main gauche se porte en arrière avec un geste très-expressif ; ses cheveux sont couverts d'une tête de lion ; il porte au dos un anneau. Des figurines semblables ont été trouvées dans une ciste (voir Gerhard, *Miroirs étrusques*, pl. 13). Elles se rapportent probablement aux mystères de Bacchus prohibés à Rome par un édit rendu l'an 185 av. J.-C.

717. Petit vase étrusque en or estampé. Il est garni d'anses et d'une base ronde et orné de dessins divers.

718. Pate verte entourée d'un chaton en or estampé. Elle représente en bas-relief une tête égyptienne drapée. Le tout est complétement semblable au pendant qui orne le milieu du collier n° 222.

719. Morceau de verre de couleur verte avec une petite veine rouge. Il est enchâssé dans une boule façonnée en fil d'or. Ouvrage d'une époque inconnue.

720. Rose d'or faite en lames minces et en fils cordelés. Elle a orné sans doute le milieu d'un diadème.

721. Cone tronqué en or estampé orné de godrons et percé au milieu. Travail grossier.

722. Amulette d'or représentant Harpocrate avec une corne d'abondance. C'est peut-être un ouvrage romain.

723. Petite amphore composée d'une boule d'or et

de deux anneaux qui lui servent d'anses. Travail romain.

724. Deux boules de verre noir fixées sur une agrafe en fil uni et en cordelé. Elles sont garnies d'élégants ornements étrusques en grains d'or et en cordelé.

725. Extrémité d'un collier ou d'un bracelet en or.

726. Amulette d'or de style étrusco-romain. Une petite pierre verdâtre est garnie d'une élégante bordure d'or et surmontée d'une belière.

727. Amulette semblable, mais un peu plus grand que celui du numéro précédent. La petite pierre en forme de corne est une dent fossile.

728. Pièce rectangulaire en argent doré. On y voit deux lions au repos, et entre eux une pomme de pin.

729. Trois amulettes d'or, semblables à ceux des nos 726 et 727. Tous sont garnis de dents fossiles surmontées d'une belière.

730. Partie détachée d'un bijou étrusque en or. Un croissant en cordelé est surmonté d'un grenat avec ornements en or et porte à ses extrémités deux pointes de flèche.

731. Petite amphore formée d'une boule d'or surmontée d'une belière. Elle est restaurée.

732. Petit vase étrusque en or, orné de rhombes en grains d'or.

733. Petit disque en or, orné de cordelé et garni d'un anneau. Travail romain.

733 *bis*. Petit disque en or, semblable à celui du numéro précédent, mais plus grand et à surface unie.

734. Vingt-neuf petites pièces de formes, de style et de travail divers, toutes en or.

735. Cristal de béryl ou d'aigue-marine garni d'une collerette et d'une tête de lion semblable à celles des n°ˢ 692 et 694. La monture est fixée par un pivot qui pénètre dans l'intérieur du cristal. Cette pièce servait peut-être à graver sur verre ; le travail porte le caractère du style étrusque.

736. Bas-relief en or, représentant deux archers scythes. Le style et le travail rappellent ceux de certains bijoux trouvés à Kertch. La tête de l'un des archers manque.

IX

OBJETS DE CULTE.

—

OBJETS DE CULTE ET PIÈCES DIVERSES.

ÉCRIN Nº 50.

737. MÉDAILLON ROMAIN EN FER. Il porte un grand camée en agate blanche, représentant une tête de Jupiter Sérapis, ornée du *modius* et d'une couronne de laurier.

738. PETITE PLAQUE RECTANGULAIRE EN BRONZE. Chaque face est garnie de trois bandes d'argent parallèles qui portent d'une part l'inscription :

CAELIVS AGONIV

LEONE ET LIBIO et de l'autre: PROBIANVS PRA

SEBEROPP.AVG.G (?)   PRAET FECIT.

Les lettres gravées en creux étaient remplies de nielle ou d'émail qui s'est en partie conservé. La première ligne de la face antérieure a perdu sa bande d'argent.

739. Fragments divers, les uns étrusques, les autres romains, réunis en un seul ornement de composition moderne. Une espèce de stylobate en or, à deux gradins, porte à chaque angle un lion, et au milieu un buste de Jupiter Sérapis sur une base carrée. La surface antérieure du stylobate est ornée d'un masque de femme. Le tout pose sur une base en lapis-lazuli.

740. Grande pièce en or de travail étrusque, mais d'un usage inconnu. Elle se compose d'un disque plat de 11,5 centimètres de diamètre, percé d'une grande ouverture centrale et circulaire dont le bord inférieur porte un anneau cylindrique formé d'une lame d'or à surface unie. La surface supérieure du disque est divisée en deux zones concentriques, séparées l'une de l'autre par un fil uni et bordées d'un astragale. La zone extérieure est ornée d'une série de chevaux ailés qui galopent, et la zone intérieure d'une suite de lions fantastiques, tous séparés l'un de l'autre par des lentilles. Ces divers ornements sont estampés et rapportés sur un fond granulé d'une finesse admirable. A la surface inférieure du disque, on voit une mouche, les ailes étendues, également estampée et rapportée. Elle masque la tête d'un petit pivot et se termine en une tête de cygne qui servait évidemment de crochet pour suspendre la pièce. L'extrémité inférieure du cylindre est garnie d'un bord plat entouré de fils cordelés. Cet objet, d'un usage inconnu, était destiné peut-être à supporter les vases en forme d'amphores qu'on employait pour les sacrifices ou pour les cérémonies divinatoires ; mais le peu de données que nous possédons sur le culte et les usages religieux des Étrusques ne nous permet point de nous prononcer d'une manière plus positive.

741. Grand pectoral en or. La partie inférieure se compose d'une lame plate légèrement bombée. Le bord est garni de fils cordelés ; la surface porte quelques dessins en fil uni et en cordelé, et vers le haut une harpie estampée et rapportée : la lame est percée de plusieurs petits trous destinés évidemment à recevoir le fil qui devait fixer le pectoral sur les vêtements. La partie supérieure, de forme semi-circulaire, est façonnée à jour et se divise en deux parties concentriques. La zone extérieure se compose de onze bandes cordelées et garnies d'un petit buste estampé ; la zone intérieure est formée de sept bandes d'une ornementation plus simple.

742. Disque et cylindre en or, complétement semblable à celui du n° 740.

743. Ornement ou objet en argent, ayant la forme d'une longue épingle à cheveux. La partie supérieure se termine par une petite base qui porte une figurine d'Hercule jeune, la tête couverte d'une peau de lion ; il s'appuie de la main gauche sur sa massue. On ignore l'usage de cet objet.

744. Cuiller d'argent d'une forme particulière, à surface unie.

X

TERRES CUITES.

TERRES CUITES D'UN TRAVAIL DÉLICAT,
LA PLUPART DORÉES.

ÉCRIN N° 51.

745. ROSACE sur un disque élégamment façonné.

746. DISQUE EN ROSACE à surface convexe.

747. DEUX BOUTONS DORÉS à surface unie.

748. PETIT DISQUE bordé d'un astragale et orné d'une tête de Minerve, vue de face et couverte d'un casque à triple crinière.

749. DISQUE orné d'une tête de vieillard barbu.

750. DISQUE orné d'une tête de Minerve, semblable à celle du n° 748, mais un peu plus grande.

751. ROSACE EN RELIEF dorée.

752. DISQUE orné d'une tête de Minerve, semblable à celles des n°s 748 et 750.

15

753. DEUX BOUTONS DORÉS, à surface unie.

754. DISQUE BRISÉ, orné d'une tête de Minerve.

755. DEUX DISQUES à tête de Minerve.

756. FRAGMENT d'un pendant d'oreille.

757. CINQ DISQUES à tête de Minerve.

758. PETITE TÊTE de jeune fille.

759. PETITE TÊTE de jeune homme coiffé d'un bonnet phrygien.

760. DISQUE orné d'une tête de Minerve.

761. CINQ BOUTONS DORÉS à surface unie.

762. TROIS DISQUES à tête de Minerve.

763. CINQ BOUTONS DORÉS à surface unie.

764. ASSEMBLAGE DE DOUZE OLIVES dorées et enfilées; à chaque extrémité, deux boules également dorées.

ÉCRIN Nº 52.

765-771. SEPT ORNEMENTS D'UN OBJET INCONNU. Un croissant bordé de fleurs et d'un astragale est surmonté d'une tête couverte d'un bonnet phrygien. Aux deux extrémités, une Victoire assise, les ailes élevées.

772. SIX BOUTONS GRANULÉS ET DORÉS. Ce sont des têtes d'épingles, privées de leurs tiges.

773. DEUX VICTOIRES AILÉES. Fragment d'un ornement semblable à ceux des nᵒˢ 765-771.

774. SIX BOUTONS GRANULÉS, semblables à ceux du nº 772.

775. Deux boutons granulés, semblables à ceux du numéro précédent.

776. Une grappe de raisin.

777. Un gland.

778. Fragment d'une grappe de raisin.

779. Deux fragments de victoires ailées, semblables à celles des n°ˢ 765-771 et 773.

780. Deux grappes de raisin.

781. Deux boutons granulés.

782. Trente-six têtes d'épingles à surface unie.

783. Deux fragments de victoires ailées, semblables aux précédentes.

784. Dix-huit pièces isolées de colliers divers, les unes en forme d'amphore, d'autres en pointe de flèche. La pièce du milieu représente le corps d'une sauterelle ou d'un grillon sans ailes ni pattes.

SCARABÉES.

Les scarabées, dont les colliers (nos 181, 202, 211), les bracelets (no 361) et les bagues (nos 429-454) nous ont offert déjà de nombreux exemples, réunissent en général le travail des intailles et celui des camées. Leur surface inférieure, plate et gravée en creux, renferme soit des hiéroglyphes, soit des figures diverses (1). La partie supérieure, au contraire, toujours convexe, est sculptée en relief et représente d'une manière plus ou moins fidèle le scarabée sacré (Ateuchus sacer), espèce de bousier dont l'original s'est trouvé dans plusieurs cercueils de momies, et dont M. Cailliaud a découvert en Nubie le type vivant. Cet insecte attira de bonne heure l'attention des Égyptiens. Son instinct re-

---

(1) La surface inférieure des scarabées, nos 806 et 816, est complétement unie ; mais ce sont là de rares exceptions.

marquable et différentes particularités de sa vie, auxquelles on ne manqua pas d'ajouter plusieurs détails fabuleux, semblent avoir vivement frappé leur esprit. Ils en firent l'un des attributs ou même le représentant du dieu Phtah, créateur de l'univers, et par suite l'emblème du monde, quelquefois du soleil. En même temps l'ateuchus figura parmi les signes du zodiaque et devint l'un des éléments constitutifs de l'écriture hiéroglyphique (1).

L'immense quantité de scarabées égyptiens, répandus dans tous les grands musées de l'Europe et dans une foule de cabinets particuliers, prouve suffisamment combien l'usage de cet ornement était général dans toute l'Égypte, depuis la plus haute antiquité jusqu'aux dernières époques de son histoire. En effet, plusieurs scarabées portent le nom

---

(1) Les bousiers ou coprophages ont l'habitude de déposer leurs œufs dans l'intérieur de la fiente des animaux domestiques. Ils la pétrissent en masses rondes qu'ils roulent avec leurs pattes de derrière, en marchant à reculons, et qu'ils enfouissent sous terre. Les Égyptiens croyaient qu'elles y restaient pendant quatre semaines, au bout desquelles il en sortait de jeunes scarabées, tous mâles, complétement formés, et ils prétendaient en même temps que l'ateuchus, dans sa marche à reculons, se dirige toujours, comme le soleil, de l'est à l'ouest. Toutes ces particularités, peut-être aussi la forme radiée de sa tête, expliquent en grande partie le rôle symbolique que les Égyptiens lui firent jouer, et la place qu'ils lui assignèrent dans leur zodiaque, place qui répond à celle que le Cancer occupe dans le nôtre. — Le scarabée parait surtout dans des cartouches royaux, tantôt comme symbole du monde, tantôt comme signe phonétique de la syllabe *ter*, et quelquefois de la lettre *t*.

de Pharaons dont le règne est antérieur de plusieurs siècles à Joseph et à Jacob, tandis que d'autres appartiennent aux temps des rois perses, des Ptolémées, et jusqu'à ceux des empereurs romains du deuxième siècle. Les scarabées égyptiens peuvent donc rendre à l'histoire et à la chronologie les mêmes services que les médailles des autres peuples, et du reste plusieurs auteurs pensent que les scarabées ordinaires étaient employés souvent comme petite monnaie.

Un grand nombre de scarabées servaient évidemment de cachet et se trouvent enchâssés dans des bagues. D'autres entraient dans la composition de colliers ou de bijoux divers; d'autres ornaient des vêtements, des ustensiles, et, suivant Plutarque, les guerriers en garnissaient la poignée de leur épée ; d'autres enfin étaient des amulettes ou des emblèmes consacrés au culte religieux, surtout au culte des morts, et dans les sacrifices, les animaux, avant d'être immolés, étaient généralement marqués avec un cachet pareil que le prêtre imprimait au front de la victime.

La grandeur des scarabées varie considérablement. On en trouve qui n'ont que quelques millimètres et d'autres qui ont jusqu'à huit centimètres de long. Plusieurs papyrus contenant des rituels funéraires nous autorisent à croire que les plus grands faisaient partie des objets consacrés aux cérémonies et aux ornements mortuaires. Du reste, plusieurs de ces scarabées ont été trouvés dans des cercueils, soit au milieu du collier, soit sur le pectoral en bois ou sur l'espèce de tablier en émail que les momies portent souvent. Les inscriptions de la face inférieure renferment alors, suivant Champollion, les noms et les qualités du défunt, avec une courte formule de prière, qui est généralement la même sur tous ces scarabées, et quelquefois il s'y trouve encore un cartouche avec le nom du Pharaon ou du souverain étranger alors régnant. — Les petits scarabées sont excessivement nombreux ; ils portent soit des figures de divinités, des emblèmes religieux ou des objets du culte, soit des animaux ou des plantes qui ne font point partie des symboles sacrés, soit enfin des cartouches royaux ou des noms de simples particuliers.

La matière dont les scarabées sont faits ne varie pas moins que leur grandeur, et la perfection du travail correspond en général à la valeur de la substance dont ils sont formés. Les plus anciens et les plus ordinaires sont en argile blanche ou grisâtre, légèrement cuite ou même simplement séchée au soleil, d'autres en pâte de verre ou en émail de différentes couleurs, le plus souvent d'un bleu verdâtre ; d'autres sont en ivoire ou même en bois. Parmi les plus précieux, les uns sont en or (n° 903) ; d'autres, et c'est le plus grand nombre, sont en cornaline, quelques-uns en sardoine, en onyx ou en pierres dures diverses (1).

La base des scarabées (surtout de ceux qui entraient dans la composition des colliers et des bagues) est généralement perforée dans toute sa longueur, et dans ce cas elle était traversée par un pivot ou par un fil d'or qui permettait à la pierre de tourner en tout sens. D'autres fois la base est percée de plusieurs trous destinés sans doute à recevoir le fil qui l'attachait au vêtement ou à une étoffe quelconque.

L'usage de cet ornement n'était pas restreint à l'Égypte seule. Il existait également dans l'Étrurie, comme le prouvent les nombreux scarabées qu'on a trouvés et qu'on trouvera sans doute encore dans les nécropoles étrusques. Une partie de ces scarabées sont, il est vrai, d'origine égyptienne et ont été importés en Étrurie par suite des relations commerciales, directes ou indirectes, qui existaient entre ces deux peuples. Mais le plus grand nombre a été fabriqué dans le pays même et par des ouvriers indigènes, qui peut-être avaient appris des Égyptiens l'art de graver sur pierre et de fabriquer

---

(1) Sur les 200 scarabées égyptiens ou étrusques de notre collection, y compris ceux des colliers et des bagues, il y en a 141 en cornaline, 29 en émail et en pâtes diverses, 13 en onyx, 6 en agate, 3 en améthyste, 2 en obsidienne, 1 en albâtre, 1 en jaspe, 1 en lapis-lazuli, 2 en pierres indéterminées, et 1 en or.

des émaux. Cependant l'usage des scarabées n'était probablement chez les Étrusques qu'une simple affaire de mode imitée de l'étranger, et l'ateuchus ne paraît avoir joué, dans leurs idées et dans leurs représentations religieuses ou astronomiques, aucun rôle analogue à celui qu'on lui assignait en Égypte.

Les scarabées étrusques reproduisent en général le même type et sont faits des mêmes pierres ou des mêmes pâtes que ceux de l'Égypte. Toutefois ils s'en distinguent souvent par une forme moins convexe, par une sculpture moins en relief, et surtout par l'absence complète d'hiéroglyphes. La surface inférieure est ornée quelquefois d'animaux ou d'objets inanimés; sur d'autres (n°s 835, 836), on remarque l'oiseau à tête humaine que nous avons déjà rencontré plusieurs fois (n°s 406 et 713) et qui joue un si grand rôle dans les représentations symboliques de l'Égypte et de l'Étrurie. Mais le plus souvent on y voit des guerriers ou des sujets appartenant à la mythologie ou à l'histoire héroïque de la Grèce.

XI

SCARABÉES.

SCARABÉES ÉGYPTIENS ET ÉTRUSQUES EN ÉMAIL
ET EN PIERRES DURES.

ÉCRIN Nº 53.

785. SCARABÉE ÉGYPTIEN EN ÉMAIL GRIS. Le revers porte une inscription hiéroglyphique.

786. SCARABÉE ÉGYPTIEN EN ÉMAIL VERDATRE. Même sujet au revers.

787. SCARABÉE ÉGYPTIEN EN ÉMAIL VERDATRE, un peu plus grand que celui du nº 786. La surface inférieure est également ornée d'hiéroglyphes.

788. SCARABÉE ÉGYPTIEN EN ÉMAIL VERDATRE, avec hiéroglyphes au revers.

789. SCARABÉE ÉGYPTIEN EN ÉMAIL VERDATRE, semblable aux précédents.

790. SCARABÉE ÉGYPTIEN EN ÉMAIL VERDATRE, semblable aux précédents.

791. SCARABÉE ÉGYPTIEN EN ÉMAIL GRIS, plus petit que les précédents, mais également couvert d'hiéroglyphes.

792. PETIT SCARABÉE ÉGYPTIEN EN ÉMAIL BLEU, avec hiéroglyphes au revers.

793. SCARABÉE ÉGYPTIEN EN LAPIS-LAZULI. Inscription hiéroglyphique.

794. SCARABÉE ÉGYPTIEN EN PATE DE VERRE NOIR, avec hiéroglyphes.

795. SCARABÉE ÉGYPTIEN EN PATE DE VERRE BLEU. Au revers des hiéroglyphes.

796. SCARABÉE ÉGYPTIEN EN PATE DE VERRE BLEU, monté en or. Au revers des hiéroglyphes.

797. GRAND SCARABÉE ÉGYPTIEN EN PATE DE VERRE GRIS. Le revers porte une inscription hiéroglyphique.

798. GRAND SCARABÉE ÉGYPTIEN EN CORNALINE. Hiéroglyphes à la surface inférieure.

799. PETIT SCARABÉE ÉGYPTIEN EN CORNALINE. Le revers porte une inscription hiéroglyphique.

800. SCARABÉE ÉGYPTIEN EN PATE DE VERRE JAUNE. Le revers est orné de simples dessins.

801. SCARABÉE ÉGYPTIEN EN PATE DE VERRE VERDATRE, avec hiéroglyphes.

802. DISQUE PLAT EN PATE DE VERRE BLEU, orné de simples dessins.

803. SCARABÉE ÉGYPTIEN EN PATE DE VERRE VERT, avec hiéroglyphes. Il est brisé.

804. SCARABÉE ÉGYPTIEN EN PATE DE VERRE BLEU ET VERT, avec hiéroglyphes.

805. SCARABÉE ÉGYPTIEN EN PATE DE VERRE VERDATRE, avec hiéroglyphes.

806. SCARABÉE EN AMÉTHYSTE. La surface inférieure est complétement unie.

807. SCARABÉE ÉGYPTIEN EN PATE DE VERRE VERDATRE. Le revers porte des hiéroglyphes.

808. PATE DE VERRE JAUNATRE, de forme ovale. La surface supérieure, taillée en relief, représente un quadrupède couché ; la face inférieure plate porte une figure humaine et un animal gravés en creux.

809. PATE DE VERRE D'UN JAUNE CLAIR, en forme d'amande. La surface supérieure convexe est ornée d'une bande longitudinale tressée. Au revers quelques dessins.

810. SCARABÉE ÉGYPTIEN EN PATE DE TERRE VERDATRE. Il est entouré d'une bande d'argent fortement oxydé. Le revers porte des hiéroglyphes.

811. SCARABÉE ÉGYPTIEN EN PATE DE VERT GRIS-VER-DATRE, avec hiéroglyphes.

812. SCARABÉE ÉGYPTIEN EN PATE DE VERRE VERT, avec hiéroglyphes.

813. SCARABÉE ÉGYPTIEN EN PATE DE VERRE VERT très-foncé. Inscription hiéroglyphique.

814. SCARABÉE ÉGYPTIEN EN PATE DE VERRE BLEU, avec une croix de couleur plus foncée sur le dos et quelques traces d'hiéroglyphes sur le revers.

815. SCARABÉE ÉGYPTIEN EN ONYX. La gravure du revers représente deux divinités égyptiennes.

816. SCARABÉE ÉTRUSQUE EN CORNALINE. La surface inférieure est complétement unie.—Trouvé à Vulci, dans la tombe décrite au *Bull. dell' Inst. arch.* 1857, p. 103.

817. SCARABÉE ÉTRUSQUE EN ONYX ORIENTAL blanc et noir, plus grand et plus gros que les autres. La gravure du revers représente Apollon à demi nu, s'appuyant du bras droit sur une stèle, tandis que sa main gauche soutient la lyre.—Trouvé à Vulci, dans la même tombe que celui du n° 816.

818. SCARABÉE ÉTRUSQUE EN CORNALINE. Au revers un homme nu, agenouillé sur un animal informe qu'il tient par le cou en élevant son poignard. Cette composition, assez indistincte ici, se voit plus nettement sur d'autres scarabées. On croit que c'est Mercure à genoux sur une tortue à laquelle il présente un brin d'herbe.

819. SCARABÉE ÉTRUSQUE EN AMÉTHYSTE. La gravure du revers, d'une exécution parfaite, représente le jeune Bacchus nu, accompagné d'une panthère, tenant le thyrse d'une main et un vase de l'autre. La surface inférieure de ce scarabée ne porte point la guirlande ou la ligne en creux qui entoure la plupart des autres dessins.

820. GRAND SCARABÉE ÉTRUSQUE EN CORNALINE. Sujet de la gravure : un jeune satyre et trois autres plus grands s'approchent en dansant d'une figure assise qui joue de la double flûte.

821. SCARABÉE ÉTRUSQUE EN CORNALINE. On voit au revers un Silène ithyphallique qui danse en tenant un coq de sa main droite. Gravure d'une grande finesse.

822. SCARABÉE ÉTRUSQUE EN CORNALINE. Motif de la

gravure : un satyre qui place une amphore sous une fontaine.

823. SCARABÉE ÉTRUSQUE EN CORNALINE. La gravure représente un satyre qui marche en tenant un vase dans sa main droite.

824. SCARABÉE ÉTRUSQUE EN OBSIDIENNE. On y voit gravé un satyre avec un thyrse.

825. SCARABÉE ÉTRUSQUE EN CORNALINE. Au revers un satyre qui tient de chaque main une longue branche terminée par un gros fruit; une outre est suspendue à son bras gauche; dans le champ, deux étoiles.

826. SCARABÉE ÉTRUSQUE EN CORNALINE. On voit au revers un satyre qui élève son épée et, à côté de lui, un cheval.

827. SCARABÉE ROMAIN EN AMÉTHYSTE. Sujet de la gravure : Harpocrate avec une corne d'abondance. Il n'y a pas de bordure.

828. SCARABÉE ÉTRUSQUE EN ONYX. La gravure représente un Génie ailé, vêtu d'une courte tunique et armé d'une lance.

829. SCARABÉE ÉTRUSQUE EN CORNALINE. On y voit gravé un centaure qui élève le bras droit. Il n'y a pas de bordure.

830. SCARABÉE ÉTRUSQUE EN CORNALINE. Le revers porte également un centaure, mais dans une position différente.

831. SCARABÉE ÉTRUSQUE EN CORNALINE. La gravure représente le même sujet.

832. SCARABÉE ÉTRUSQUE EN CORNALINE. Même sujet; le centaure élève les deux bras.

833. SCARABÉE ÉTRUSQUE EN CORNALINE. Motif de la gravure : un centaure qui se retourne.

834. SCARABÉE ÉTRUSQUE EN CORNALINE. La surface inférieure est ornée du même sujet.

835. SCARABÉE ÉTRUSQUE EN CORNALINE. La gravure du revers représente une figure humaine couchée sur un oiseau à tête d'homme (1).

836. SCARABÉE ÉTRUSQUE EN CORNALINE. La gravure représente une figure humaine, terminée en corps d'oiseau ; elle élève de sa main droite une épée, de l'autre elle porte un animal ou une outre. Dans le champ, une étoile.

837. SCARABÉE ÉTRUSQUE EN CORNALINE. Au revers une sirène qui joue de la flûte.

838. SCARABÉE ÉTRUSQUE (?) EN CORNALINE. La surface inférieure représente un Génie marin (Nérée ou Glaucus?), terminé en poisson. Il tient le trident dans sa main droite ; de l'autre il arrange ses longs cheveux. C'est un ouvrage de la décadence de l'art.

839. SCARABÉE ÉTRUSQUE EN CORNALINE. La gravure représente une figure humaine dont les jambes se terminent en tête de chien ; elle tient dans chaque main un bâton.

840. SCARABÉE ÉTRUSQUE EN CORNALINE. Le revers présente en gravure grossière une figure humaine dont les jambes se terminent en corps d'animal. Le dessin n'est pas entouré d'une bordure.

---

(1) Voir la note du n° 406.

841. SCARABÉE ÉTRUSQUE EN CORNALINE, orné d'un sujet semblable à celui du n° 840. La gravure est également grossière.

842. SCARABÉE ÉTRUSQUE EN CORNALINE. On y voit gravé Hercule avec sa massue; il rejoint en courant la biche Cérynitide (la biche aux cornes d'or et aux pieds d'airain).

843. SCARABÉE ÉTRUSQUE EN CORNALINE. La gravure représente Hercule qui a rejoint la biche et qui lui applique le genou sur l'échine.

844. SCARABÉE ÉTRUSQUE EN CORNALINE, orné du même sujet que celui du numéro précédent.

845. SCARABÉE ÉTRUSQUE EN CORNALINE. La gravure, de style archaïque, représente un homme agenouillé. C'est probablement Hercule donnant la chasse aux oiseaux du lac Stymphale; au haut du champ, quelques étoiles. Le scarabée est brisé.

846. SCARABÉE EN AGATE NOIRE. Sujet de la gravure : Hercule nu, au repos et armé de sa massue, se retourne vers le serpent du jardin des Hespérides, roulé en spirale autour d'un arbre. C'est probablement une imitation moderne du seizième siècle, d'après une pierre antique.

847. SCARABÉE ÉTRUSQUE EN CORNALINE. Le revers représente Hercule nu, armé de sa massue. Sans bordure.

848. SCARABÉE ÉTRUSQUE EN CORNALINE. Motif de la gravure : Hercule nu, armé de sa massue; il s'avance vers un objet qui semble être un tronc d'arbre.

849. SCARABÉE ÉTRUSQUE EN CORNALINE. On y voit Her-

16.

cule couché, armé de sa massue ; plus bas cinq amphores.

850. Scarabée étrusque en cornaline. La gravure
représente Hercule à demi couché, et au dessous trois
animaux. Sans bordure.

851. Scarabée étrusque en cornaline. Au revers,
un sphinx ou un griffon ; il tient un jeune homme qui
se défend avec son épée.

852. Scarabée étrusque en agate noire. Sujet de la
gravure : un homme, les épaules couvertes d'une chlamyde, se baisse comme pour soulever une grosse
pierre.

853. Scarabée étrusque en cornaline. On y voit
gravé un éphèbe couvert d'une chlamyde ; il s'appuie
du coude gauche sur un autel, et soutient sa tête de la
main droite. Dessin et gravure d'une grande beauté.

854. Scarabée étrusque en onyx. Le revers représente une tête de jeune homme ou de femme, vue de
profil et couverte d'un casque en forme de tête de
sanglier. Trouvé à Vulci, dans la même tombe que
ceux des nᵒˢ 816 et 817.

855. Scarabée étrusque en agate d'un blanc jaunâtre. La gravure, très-bien exécutée, représente un
guerrier nu, la tête couverte d'un casque, qui met un
genou en terre en essayant la pointe d'une flèche ; son
arc est devant lui. La surface de la pierre est usée, et,
par suite, l'inscription qui s'y trouve est devenue il-
lisible (1).

____

(1) C'est le seul de nos scarabées étrusques qui porte une inscription.

856. SCARABÉE ROMAIN EN CORNALINE blanche. Le revers est orné d'un sujet semblable à celui du numéro précédent ; mais le guerrier n'a pas de casque, et la gravure a subi des retouches modernes.

SCARABÉES LA PLUPART D'ORIGINE ÉTRUSQUE ET EN CORNALINE.

ÉCRIN N° 54.

857. SCARABÉE ÉTRUSQUE EN CORNALINE. La gravure représente un guerrier qui porte un glaive et un bouclier.

858. SCARABÉE ÉTRUSQUE EN CORNALINE. Sujet de la gravure : un guerrier armé d'une lance et d'un bouclier ; il pose un genou en terre.

859. SCARABÉE ÉTRUSQUE EN CORNALINE. La gravure reproduit le sujet du scarabée précédent.

860. SCARABÉE ÉTRUSQUE EN CORNALINE. On y voit un guerrier avec son bouclier et sa lance, en face d'un autel.

861. SCARABÉE ÉTRUSQUE EN AGATE NOIRE. Motif de la gravure : un guerrier qui brandit de la main droite une épée ; son bras gauche porte une lance et un bouclier.

862. SCARABÉE ÉTRUSQUE EN CORNALINE. La gravure représente un guerrier qui porte une lance dans sa main droite, et de l'autre un trophée ou quelque objet semblable.

863. SCARABÉE ÉTRUSQUE EN CORNALINE. Au revers, un guerrier armé d'une lance et d'un bouclier.

864. SCARABÉE ÉTRUSQUE EN CORNALINE, orné d'un sujet semblable à celui du n° 863, avec la différence que le guerrier s'avance en courant.

865. SCARABÉE ÉTRUSQUE EN CORNALINE. Sujet semblable ; le guerrier, armé d'une épée, se retourne en courant.

866. SCARABÉE ÉTRUSQUE EN CORNALINE. La gravure, grossièrement faite, représente une figure qui met un genou en terre.

866 *bis*. SCARABÉE ÉTRUSQUE EN CORNALINE. On y voit un guerrier armé d'une lance ; il se retourne en courant.

867. SCARABÉE ÉTRUSQUE EN CORNALINE. Motif de la gravure : deux guerriers affrontés, armés d'une lance.

868. SCARABÉE ÉTRUSQUE EN CORNALINE. Sujet de la gravure : un cavalier.

869. SCARABÉE ÉTRUSQUE EN CORNALINE. La gravure représente un cavalier armé d'une lance ; dans le champ, deux étoiles.

870. OBSIDIENNE DE FORME OVALE. La surface supérieure convexe représente en relief une face humaine d'un type très-étrange. A la surface inférieure, on voit en creux un cavalier ; il porte sur l'épaule une lance à laquelle est suspendu un trophée ou quelque objet semblable. Le style et l'âge de cette pierre sont inconnus.

871. SCARABÉE ÉTRUSQUE EN CORNALINE. Au revers, un cavalier avec deux chevaux.

872. SCARABÉE ÉTRUSQUE EN CORNALINE. La gravure, grossièrement exécutée, reproduit le sujet du numéro précédent.

873. SCARABÉE ÉTRUSQUE EN ALBATRE. Motif de la gravure : un cavalier en pleine course, avec un chien entre les pieds du cheval. La gravure est peu distincte.

874. SCARABÉE ÉTRUSQUE EN CORNALINE. La gravure représente un homme qui court ; il se retourne en arrière en touchant sa tête.

875. SCARABÉE ÉTRUSQUE EN CORNALINE. On y voit un homme nu agenouillé.

876. SCARABÉE ÉTRUSQUE EN CORNALINE. Sujet de la gravure : un *bige* avec son conducteur.

877. SCARABÉE ÉTRUSQUE EN CORNALINE. Au revers, un *quadrige*.

878. SCARABÉE ÉTRUSQUE EN CORNALINE. On y voit gravée une course de cirque avec quatre *biges*.

879. SCARABÉE ÉTRUSQUE EN CORNALINE. La gravure représente un discobole ; il fléchit le corps en arrière afin de lancer son disque avec plus de force.

880. SCARABÉE ÉTRUSQUE EN CORNALINE. Motif de la gravure : un prêtre en longs vêtements, un *canthare* (coupe particulièrement consacrée à Bacchus) en main, est en face d'un autel. Un arbre s'élève à côté. Travail moderne.

881. SCARABÉE ÉTRUSQUE EN CORNALINE. Au revers, un jeune homme qui tient d'une main une cassette et qui se penche pour prendre un vase de l'autre. En face de lui, une base en forme de candélabre. La gravure paraît avoir été retouchée.

882. SCARABÉE ÉTRUSQUE EN CORNALINE. On y voit une figure nue penchée sur un autel ; une plante s'élève à côté.

883. SCARABÉE ÉTRUSQUE EN CORNALINE. La face inférieure représente une figure nue qui tient d'une main une lance ou un long bâton, et de l'autre un candélabre.

884. SCARABÉE ÉTRUSQUE EN CORNALINE BRULÉE. La gravure représente une figure nue, un genou en terre, avec une coupe et un *præfericulum*. (Voir n° 31.)

885. SCARABÉE ÉTRUSQUE EN CORNALINE. Sujet de la gravure : un *bige*.

886. SCARABÉE ÉTRUSQUE EN CORNALINE. Au revers, une figure nue qui semble couper une branche ; la plante sort d'une amphore.

887. SCARABÉE ÉTRUSQUE EN CORNALINE. Même sujet que celui du numéro précédent ; mais les dimensions sont un peu plus grandes et le dessin est différent.

888. SCARABÉE ÉTRUSQUE EN CORNALINE. On y voit une figure nue agenouillée, qui tient dans ses mains une tige portant un fruit rond.

889. SCARABÉE ÉTRUSQUE EN CORNALINE. La gravure représente une figure nue à demi agenouillée, qui tâche de plier un bâton ou un rameau.

890. SCARABÉE ÉTRUSQUE EN CORNALINE. Même sujet que celui du n° 888.

891. SCARABÉE ÉTRUSQUE EN CORNALINE. Même sujet que celui des deux numéros précédents ; mais il y a encore un glaive couché à terre.

892. SCARABÉE ÉTRUSQUE EN ONYX. Au revers, une figure nue assise qui caresse un cerf.

893. SCARABÉE ÉTRUSQUE EN CORNALINE. La gravure de la face inférieure représente un homme nu armé d'une lance ; il porte sur son épaule un bâton auquel est suspendu un cerf.

894. SCARABÉE ÉTRUSQUE EN CORNALINE. Motif de la gravure : un éphèbe couvert d'une chlamyde ; il joue avec un chien. La gravure paraît retouchée.

895. SCARABÉE ÉTRUSQUE EN CORNALINE. La gravure représente un navire avec quatre rameurs ; au-dessus de la proue, une figure indistincte.

896. SCARABÉE ÉTRUSQUE EN CORNALINE. Au revers, une main ouverte.

897. SCARABÉE ÉTRUSQUE EN CORNALINE. Sujet de la gravure : Cerbère à trois têtes.

898. SCARABÉE ÉTRUSQUE EN CORNALINE. On y voit gravé Cerbère à deux têtes.

899. SCARABÉE ÉTRUSQUE EN CORNALINE. La gravure représente une Chimère ; dessin sans bordure.

900. SCARABÉE ÉTRUSQUE EN CORNALINE. Au revers, un Pégase.

901. SCARABÉE ÉTRUSQUE EN CORNALINE. Motif de la gravure : un griffon.

902. GRAND SCARABÉE EN CORNALINE. Au revers, un cheval marin. Le travail est moderne.

903. SCARABÉE ÉTRUSQUE EN CORNALINE. On y voit un cheval marin ailé.

904. SCARABÉE ÉTRUSQUE (?) EN OR estampé et ciselé. La gravure représente un lion.

905. SCARABÉE ÉTRUSQUE EN CORNALINE. La surface inférieure porte un quadrupède, et dans le champ un croissant.

906. SCARABÉE ÉTRUSQUE EN CORNALINE BRULÉE. Même sujet que celui du n° 904.

907. SCARABÉE ÉTRUSQUE EN CORNALINE. Motif de la gravure : un lion.

908. SCARABÉE ÉTRUSQUE EN CORNALINE. Au revers, une panthère. Travail grossier.

909. SCARABÉE ÉTRUSQUE EN CORNALINE, semblable, pour le sujet et le travail, au scarabée précédent.

910. SCARABÉE ÉTRUSQUE EN CORNALINE, semblable aux deux scarabées précédents.

911. SCARABÉE ÉTRUSQUE EN CORNALINE. La gravure, de style archaïque, représente une panthère et un lion qui sont sur le point de déchirer un quadrupède. La cornaline est brisée.

912. SCARABÉE ÉTRUSQUE EN CORNALINE. Sujet de la gravure : un cerf.

913. SCARABÉE ÉTRUSQUE EN CORNALINE. Même sujet.

914. SCARABÉE ÉTRUSQUE EN CORNALINE. Même sujet.

915. SCARABÉE ÉTRUSQUE EN CORNALINE. Motif de la gravure : un cheval vu de face; dans le champ, une étoile.

916. SCARABÉE ÉTRUSQUE EN CORNALINE. La gravure représente un cheval qui s'abat. Dans le champ, une boule.

917. SCARABÉE ÉTRUSQUE (?) EN ÉMAIL BLEU. Au revers, un cheval ailé.

918. SCARABÉE ÉTRUSQUE EN CORNALINE. On y voit deux chevaux pris de face, et entre eux trois boules disposées en forme de pyramide renversée.

919. SCARABÉE ÉTRUSQUE EN CORNALINE. La gravure représente une chèvre ; il n'y a pas de bordure.

920. SCARABÉE ÉTRUSQUE EN CORNALINE. Même sujet.

921. SCARABÉE ÉTRUSQUE EN CORNALINE. La gravure, d'une exécution très grossière, représente une chèvre ; elle semble allaiter un enfant.

922. SCARABÉE ÉTRUSQUE EN CORNALINE. Motif de la gravure : un chien ou un autre quadrupède semblable ; le dessin n'est pas entouré de bordure.

923. SCARABÉE ÉTRUSQUE EN CORNALINE. Même sujet que ci-dessus.

924. SCARABÉE ÉTRUSQUE EN CORNALINE. Même sujet.

925. SCARABÉE ÉTRUSQUE EN CORNALINE. Même sujet.

926. SCARABÉE ÉTRUSQUE EN CORNALINE. Même sujet ; mais le travail est plus grossier que celui des quatre numéros précédents.

927. SCARABÉE ÉTRUSQUE EN CORNALINE. On y voit un cheval à deux corps avec une seule tête. Travail grossier.

928. SCARABÉE ÉTRUSQUE EN CORNALINE. Au revers, un aigle.

929. SCARABÉE ÉTRUSQUE EN CORNALINE. La gravure représente un cygne.

AMBRES.

—

L'ambre jaune ou succin était plus rare et plus recherché dans l'antiquité qu'il ne l'est de nos jours. Alors, comme maintenant, on le tirait en grande partie des bords de la Baltique ; mais les communications rares et difficiles qui existaient entre le nord de l'Europe et le littoral de la Méditerranée rendaient naturellement le prix de cette substance peu accessible aux classes moyennes. Étaient-ce les Phéniciens qui allaient le chercher jusque sur les côtes lointaines de la Scythie septentrionale et qui l'importaient dans le sud de l'Europe et dans l'Asie, ou bien l'ambre arriva-t-il par voie de terre, à travers la Germanie, comme semblent l'indiquer Diodore et Pline (1)? Nous l'ignorons; mais il paraît bien prouvé

---

(1) Si l'ambre a été réellement un des articles du commerce maritime des Phéniciens, il doit figurer dans la liste intéressante qu'É-

que le bassin inférieur du Pô fut longtemps le grand
entrepôt du commerce de l'ambre, qui se répandit
de là sur le reste de la péninsule, en Grèce et en
Asie. Pline assure du moins que cette matière,
très-rare ailleurs, était si fréquente au nord-est de
l'Italie, que des paysannes mêmes en portaient
dans leurs colliers. Cependant, suivant Théophraste,
il se trouvait aussi en Ligurie, et le mot *ligurium*
ou *lingurium*, par lequel on paraît l'avoir désigné
quelquefois, dérive probablement du nom de ce
pays. Enfin, il serait difficile de comprendre que le
succin, qu'on rencontre en assez grande quantité sur
la côte orientale de Sicile, notamment dans les en-
virons de Catane, n'y eût point existé du temps des
Grecs et des Romains, quoique aucun des auteurs
anciens ne fasse mention de ce fait.

L'origine et la nature réelle de l'ambre semblent
avoir été entrevues par les Grecs et par les Romains.
Suivant leurs traditions mythologiques, il provient

---

zéchiel en donne, chapitre 26-28. Malheureusement, les interprètes
anciens eux-mêmes ne sont pas d'accord sur le sens de bien des
mots qui paraissent dans cette longue énumération, notamment sur
ceux qui désignent des pierres précieuses ou d'autres substances mi-
nérales. Les LXX nomment, ch. 28, 13, le *ligurium ;* mais comme,
dans ce passage, la version diffère de l'original par l'ordre et même
par le nombre des pierres énumérées, il est impossible de savoir si ce
nom correspond à un des mots hébreux, ou s'il n'a pas été ajouté par
le traducteur. Du reste, le sens du mot *ligurium* lui-même n'est pas
encore parfaitement fixé, et quelques auteurs anciens croyaient déjà
qu'il désignait une pierre précieuse proprement dite.

des larmes des Héliades qui pleuraient aux bords de l'Éridan (le Pô) la chute de Phaéton, leur frère, et qui finirent par être métamorphosées en arbres. Le sens de ce récit, évidemment allégorique, est sans doute celui-ci : L'ambre est une résine de certains arbres ; il doit son existence ou plutôt son état actuel à quelque grande révolution physique par laquelle notre globe a passé, et c'est sur les bords du Pô que se trouve le principal entrepôt de commerce de cette matière. — La propriété du succin d'attirer des corps légers lorsqu'on le frotte était également connue des anciens, et c'est même pour cela qu'on a dérivé du nom grec de cette substance (électron) les mots *électricité, électrique*, qui jouent un si grand rôle dans notre science moderne (1).

---

(1) Les Grecs et les Romains désignaient, par le mot *Electrum*, deux choses bien différentes : d'une part, l'ambre jaune, et de l'autre un alliage très-estimé des anciens, composé de quatre à cinq parties d'or sur une d'argent. L'ambre a-t-il donné son nom à l'alliage, ou bien l'en a-t-il reçu? Nous ignorons le sens primitif du mot; mais évidemment c'est l'analogie de couleur et d'aspect qui a fait confondre sous un même nom ces deux substances de nature si différente. Quelques auteurs modernes prétendent que l'électrum n'était pas un alliage métallique, mais de l'émail. Sans vouloir nier que la fabrication des émaux fût connue des anciens (de nombreux bijoux de ce musée ne permettent aucun doute à cet égard), nous ne pensons pas que les descriptions que donnent de l'électrum les auteurs anciens puissent s'appliquer à ces produits, et, du reste, on ne comprendrait point pourquoi le même mot désigne à la fois de l'ambre et des émaux de toutes couleurs, qui ne présentent aucune analogie avec la première substance.

L'ambre paraît souvent dans les bijoux, surtout dans les pendants d'oreilles (n⁰ˢ 86-87) et dans les colliers (n⁰ˢ 233-236). Homère déjà parle de colliers phéniciens où l'or s'entremêlait avec l'électrum (probablement l'ambre) ; mais notre écrin prouve qu'on en faisait aussi des figurines, des bas-reliefs, ou d'autres ornements isolés, et les auteurs anciens citent des vases ou même des statues de cette matière (1). Souvent on incrustait d'ambre brut ou façonné des meubles ou des vases de bois, d'ivoire ou de métal.

Dans un but de luxe plutôt que d'utilité réelle, les dames romaines remplaçaient quelquefois par des boules d'ambre, les boules de cristal de roche ou de pâtes de verre dont on se servait pour se rafraîchir les mains durant les chaleurs de l'été, et Martial tire quelque gracieuse comparaison de la douce odeur que répand, selon lui, l'ambre ainsi chauffé. Enfin, comme nous l'avons dit ailleurs, les anciens attribuaient au seul contact de cette substance de grandes vertus médicales. Les mères faisaient por-

---

(1) Pline assure que, de son temps, une petite statuette d'ambre se vendait plus cher qu'un bon esclave. Sous Néron cependant on avait rapporté à Rome des quantités considérables de succin, entre autres un morceau unique du poids de 6 kilogrammes et demi. Dans une de ses poésies, cet empereur comparait la couleur des cheveux de Poppæa à celle de cette substance, et l'expression de *cheveux d'ambre* fut dès lors en vogue pendant quelque temps.

ter à leurs petits enfants des colliers d'ambre dans
l'idée qu'ils facilitaient la dentition et les préser-
veraient des accidents qui l'accompagnent souvent.
Cette superstition, très-innocente d'ailleurs, est mentionnée par Pline comme un usage assez commun
de son temps, et la tradition s'en est conservée
jusqu'à nos jours, comme on le sait,

XII

AMBRES.

—

ÉCRIN N° 55.

930. DEUX DISQUES percés de plusieurs trous et placés l'un sur l'autre. On croit qu'ils ont fait partie d'une fibule.

931. GRAND MORCEAU D'AMBRE grossièrement sculpté. Il paraît représenter un taureau couché.

932. LAMPE d'une forme élégante, semblable à celle des lampes en terre cuite. Elle est très-bien conservée.

933. MASQUE DE PAN. Les oreilles se terminent en cornes.

934. GOUTTE D'AMBRE surmontée d'une belière en argent. C'est un pendant de collier.

935. ANNEAU à surface unie, avec un écusson rond.

936. Un lion sur une grande tête d'animal. C'est peut-être un ouvrage du dix-huitième siècle.

937. Grosse goutte aplatie et taillée à facettes. Fragment d'un collier.

938. Morceau d'ambre enchâssé dans une espèce de corbeille en argent, munie d'une anse. Il servait peut-être d'amulette.

939. Figurine. Un jeune homme, en vêtement pastoral avec un capuchon, tient un lièvre par les pattes.

940. Tête de bélier.

941. Une cigale surmontée d'une tête grotesque en pâte de verre (?).

942. Quatre fragments de disques perforés, semblables à ceux du n° 930.

943. Trois morceaux semblables, mais plus petits et mieux conservés; la surface de celui du milieu est ornée de quelques dessins gravés en creux.

944. Un chien couché.

945. Un chien au repos, avec un collier d'or.

946. Grande figurine de femme nue. La partie inférieure manque. Travail élégant d'une époque inconnue.

947. Un lièvre broutant.

948. Grand fragment d'une figurine de type nègre, avec des yeux percés.

949. Une panthère, très-corrodée.

950. Un chien au repos.

951. Fragment d'une boule façonnée.

952. Fragment d'ambre.

953. UNE AMPHORE, dont le haut est brisé. Pièce détachée d'un collier.

954. UNE TÊTE DE BÉLIER surmontée d'une belière d'argent.

955. UN AMOUR. La tête manque.

956. UNE AMPHORE. Pièce détachée d'un collier.

957. UNE AMPHORE plus petite.

958. FRAGMENT D'AMBRE.

959. PIÈCE DÉTACHÉE D'UN COLLIER.

IVOIRES.

L'ivoire fut employé de bonne heure en Orient et même en Europe. Longtemps avant d'avoir vu des éléphants, les Grecs le retiraient déjà de l'Inde ou de l'Afrique, et s'en servaient, soit pour orner des meubles, des instruments de musique, des armes, des harnais de chevaux, soit pour faire des statues, des bas-reliefs ou des objets de luxe divers. Aux meilleures époques de leur art, ils avaient un goût prononcé pour les travaux en or et en ivoire. Les fameuses statues *chryséléphantines* de Phidias (1), surtout sa Minerve du Parthénon et son Jupiter Olympien, exécutés vers l'an 440 avant J.-C., ont passé, dans toute l'antiquité, pour les modèles les plus parfaits du genre et pour les merveilles de la sculpture en général. Mais, bien des siècles auparavant, Homère parle de meubles incrustés

---

(1) Dans les statues chryséléphantines, l'âme ou le noyau en bois était recouvert de plaques d'ivoire sculpté, qui représentaient les chairs, tandis que les cheveux et les draperies étaient faits en lames d'or ciselées ou repoussées.

ou d'ornements complets façonnés en ivoire, et, vers le même temps, des vaisseaux, conduits par des pilotes phéniciens, rapportaient d'Ophir l'or et l'ivoire destinés à la décoration du temple et du palais que Salomon faisait construire. Cette matière, du reste, était un des articles du commerce de Tyr, et figure comme tel (Ézéch., 27, 6, 15) dans la liste dont nous avons parlé p. 195, note (1). En Égypte l'usage de l'ivoire remonte encore plus haut. Diodore parle de statues chryséléphantines appartenant aux rois des premières dynasties et d'une foule d'objets précieux en ivoire qui ornaient la fameuse ville de Thèbes, dont la grandeur et la richesse avaient déjà frappé l'imagination d'Homère.

Suivant Sénèque, Démocrite avait inventé l'art de ramollir l'ivoire ; mais, en tout cas, il paraît bien prouvé que les Grecs étaient en possession d'un moyen, inconnu de nos jours, de fabriquer de grandes plaques (d'une largeur de 33 à 54 centimètres) telles qu'il les fallait aux sculpteurs. Une huile particulière servait à donner et à conserver à l'ivoire sa souplesse, et Pausanias raconte que la base du Jupiter Olympien plongeait dans un bassin d'huile qui devait préserver cette œuvre d'art contre l'influence de l'humidité du sol.

Notre collection se distingue par sa grande richesse en objets d'ivoire. Nous allons passer en revue les plus intéressants d'entre eux.

Les *épingles à cheveux* de l'écrin n° 56 ne nous offrent rien de particulier ; celles du n° 967 sont peut-être de véritables styles destinés, comme ceux des n°ˢ 1099, 1102, à écrire sur des tablettes de cire. En revanche, les n°ˢ 973, 975, désignés comme passe-lacets, pourraient bien être des épingles à cheveux, dont la tête était quelquefois percée de trous, comme nous l'avons dit plus haut (notice II). Dans ce même écrin, on verra avec intérêt quelques *fuseaux* et deux petites *boîtes de toilette*, dont l'une contient encore un reste de fard rose antique.

L'écrin n° 58 est plus intéressant encore. Les fragments de *flûte* qu'il renferme, et surtout les deux instruments complets, très-bien conservés, sont à peu près uniques dans leur genre ; car jusqu'ici on ne les connaissait guère que d'après les descriptions des auteurs et les représentations qui se trouvent sur les monuments.

L'écrin n° 59 nous offre quelques échantillons de *jeux grecs ou romains :* deux dés (n°ˢ 1064, 1066) et quatre osselets pour le jeu d'astragales (n°ˢ 1026, 1028) si aimé des Grecs (1) ; deux petites plaques

---

(1) Les astragales étaient soit de petits osselets réels, tirés du talon de certains animaux, soit surtout des pièces de forme semblable sculptées en os, en ivoire, en marbre, etc. On s'en servait comme de dés ; mais souvent aussi on en plaçait cinq sur le dos de la main ; on les lançait en l'air et on tâchait de les rattraper sur la même surface. Cette seconde manière était surtout en usage parmi les femmes,

ovales (n°s 1034, 1047) qui portent en relief des lettres de l'alphabet et qui étaient probablement destinées à enseigner l'A B C à quelque enfant romain. — Mais cet écrin se distingue surtout par le grand nombre de *tessères* qu'il renferme. On désigne sous ce nom des espèces de jetons, de formes et d'usages variés, qui portent sur une de leurs faces, quelquefois sur les deux, des inscriptions ou des signes divers, généralement gravés en creux. Les unes étaient des espèces de bons pour une quantité fixe d'argent, de pain, de blé, de vin, etc., que les magistrats ou les empereurs romains faisaient distribuer au peuple et dont ils jetaient souvent eux-mêmes les tessères dans la foule. D'autres étaient des billets d'entrée pour des représentations de théâtre ou des jeux de cirque, et, dans ce cas, elles portaient l'indication du rang et le numéro de la place assignée. Ces deux espèces de tessères correspondent donc au fameux « *panem et circenses* » des empereurs et du peuple romains. D'autres étaient, pour ainsi dire, des cartes d'électeurs, des billets de vote ou bien des jetons de présence donnés à des employés ou à des ouvriers. Les tessères militaires contenaient, soit un ordre que le chef voulait faire

---

et elle a fourni aux artistes grecs de nombreux et gracieux sujets de composition. — Le jeu d'astragales est très-ancien ; on le trouve déjà mentionné dans Homère.

parvenir à ses subordonnés, soit surtout le mot de ralliement que les tribuns transmettaient chaque soir, au coucher du soleil, aux centurions par l'entremise de quelques simples soldats. D'autres tessères étaient des marques symboliques ou des souvenirs de l'hospitalité qu'on avait donnée ou reçue. L'hôte, en se séparant de son ami, en cassait une, lui en remettait une moitié et gardait l'autre. Les tessères de ce genre avaient ordinairement la forme d'une tablette ou d'un prisme rectangulaire, comme celles des nᵒˢ 1048, 1052, 1058. Enfin quelques-unes étaient probablement des invitations à dîner, et le chiffre qui s'y trouve indique sans doute la place qu'on devait occuper à table (*voir* nᵒ 1063).

Dans l'écrin nᵒ 60 on trouvera quelques beaux fragments d'une *cista* ou cassette destinée sans doute à recevoir des objets précieux. La cista complète (écrin nᵒ 61), d'un genre analogue, quoique d'une ornementation plus simple, se distingue par son rare état de conservation. Elle est unique dans son genre, et provient, ainsi que les fragments de l'écrin nᵒ 60, des fouilles exécutées à Cumes par le prince de Syracuse.

Parmi les objets divers de l'écrin nᵒ 62, on remarquera cinq petites serrures de cassettes (nᵒ 1100) et plusieurs fragments de joujoux, entre autres de poupées à bras mobiles (nᵒˢ 1098, 1109 et probablement aussi 1111).

18.

XIII

IVOIRES.

ÉCRIN Nº 56.

960. Fuseau pour ouvrage de femme, terminé par un gland.

961. Épingle a cheveux. La tige est ornée vers le haut d'une petite guirlande gravée en creux; elle se termine en balustre surmonté d'une figurine grotesque.

962. Grande épingle a cheveux. La tête se termine en un grand anneau.

963. Épingle a cheveux, à surface unie, terminée en petit balustre.

964. Grande épingle a cheveux. La tête est formée par une demi-figure de femme.

965. Fuseau. La surface de la partie inférieure est ornée de dessins gravés en creux.

966. PETITE BOÎTE A FARD. On y voit encore un reste de poudre rose antique.

967. SEPT PETITES ÉPINGLES A CHEVEUX. Trois sont teintes en vert et l'une n'a plus sa tête. — Ce sont peut-être des styles.

968. ÉPINGLE A CHEVEUX élégamment gravée. La partie supérieure se termine par une petite base surmontée d'un coq. Trouvée à Vulci dans la tombe décrite au *Bull. dell' Inst. Arch.*, 1857, p. 103.

969. GRANDE ÉPINGLE A CHEVEUX. La partie supérieure de la tige a le bord dentelé.

970. GRANDE ÉPINGLE A CHEVEUX. La partie supérieure de la tige est ornée de moulures.

971. GRAND FUSEAU.

972. GRAND FRAGMENT D'UN FUSEAU terminé en balustre.

973. PASSE-LACET, ou petite épingle à cheveux. La tête est percée d'une ouverture oblongue placée entre deux trous ronds.

974. ÉPINGLE A CHEVEUX. Tige à surface unie, terminée en boule.

975. PASSE-LACET, ou petite épingle à cheveux. La partie supérieure est percée d'un seul trou oblong.

976. ÉPINGLE A CHEVEUX. Tige unie avec une grosse tête en forme de gland.

977. ÉPINGLE A CHEVEUX. La tête se termine en buste de femme; elle porte une coiffure bizarre; les yeux sont en creux.

978. Peigne de toilette. Les dents fines sont assez bien conservées.

979. Deux têtes de femmes. L'une avec une petite partie du buste. Ce sont probablement des têtes d'épingles.

980. Petite boite de toilette cylindrique, avec un couvercle terminé en gland.

981. Tête de femme, semblable à celles du n° 979.

982. Tête de bélier en pierre calcaire. C'est probablement une tête d'épingle.

983. Grande épingle a cheveux. Un serpent s'enroule autour de la tige et tourne sa tête vers l'extrémité supérieure, sculptée en forme d'une main ouverte.

984. Épingle a cheveux surmontée d'une tête de femme. La coiffure bizarre ressemble à un turban.

985. Épingle a cheveux surmontée d'une tête de femme. La coiffure, en diadème, ressemble à celle des n°s 979 et 981.

986. Épingle a cheveux terminée en thyrse.

987. Fragment d'une épingle a cheveux.

ÉCRIN N° 57.

988. Manche de couteau fait avec la partie inférieure d'une corne de chevreuil et représentant une tête un peu grotesque. — C'est peut-être un ouvrage du seizième siècle.

989. MANCHE DE COUTEAU représentant une tête de Pan ou de satyre; il est encore muni d'un reste de lame.

990. MANCHE DE COUTEAU, grossièrement sculpté, représentant une tête couverte d'un bonnet allongé. Il est muni d'une lame fortement oxydée.

991. GROS MANCHE DE COUTEAU de forme cylindrique, terminé en pointe et orné d'une face humaine. Il porte encore un reste de lame.

992. SPATULE OU PLIOIR.

993. MANCHE DE COUTEAU grossièrement sculpté. Une panthère ronge la tête d'un animal.

994. MANCHE DE COUTEAU d'un genre semblable à celui du n° 988.

995. CUILLER. Le manche est moderne.

996. MANCHE CYLINDRIQUE avec une chèvre en relief. Il est restauré.

997. MANCHE DE COUTEAU façonné en spirale et orné d'une tête d'animal.

998. PETITE CUILLER RONDE. Elle était teinte en vert.

999. PETITE CUILLER SEMBLABLE. Le manche est terminé en thyrse.

1000. MANCHE avec une élégante figure de Vénus à demi nue; elle appuie le bras droit sur un hermès ithyphallique. Travail d'une exécution très-soignée.

1001. PETITE CUILLER RONDE. Le manche se termine en gland.

1002. PETITE CUILLER RONDE avec un long manche uni.

1003. Manche de couteau façonné en spirale et orné d'une tête d'animal, comme celui du n° 997.

1004. Fragment d'un manche de couteau façonné en spirale.

1005. Grande cuiller plate.

1006. Manche de couteau cannelé; il se termine en tête de lion.

1007. Manche de couteau cylindrique et annelé. Il est orné d'une tête de lion.

1008. Manche de couteau, de forme octogone, également orné d'une tête de lion.

1009. Fragment sculpté en bas-relief représentant une tête de bélier et du feuillage. Il est restauré.

1010. Manche de couteau, de forme ovale, orné d'une tête humaine couverte d'un bonnet phrygien.

1011. Fragment en forme de hache gauloise avec un reste de fer.

ÉCRIN N° 58.

1012. Grosse bague avec un écusson qui renferme un masque scénique sculpté.

1013. Bague semblable, mais plus grande encore.

1014. Fragment d'une grande flute. Il est percé de deux trous; l'extrémité, légèrement façonnée, est garnie de trois raies assez profondes qui étaient probablement incrustées d'ébène ou de quelque matière semblable.

1015. Grosse bague avec un écusson, semblable à celles des n°s 1012-1013.

1016. Grosse bague avec un écusson ovale dépourvu de son ornement.

1017. Petite flute avec quatre trous et quelques moulures.

1018. Flute conique d'une forme analogue aux clarinettes modernes des *Pifferari*. Elle est façonnée à moulures et percée de cinq trous.

1019. Flute cylindrique à sept trous. La surface est ornée de quelques moulures.

1020. Gros fragment de flute avec un seul trou.

1021. Treize petits fragments de flute, chacun percé d'un trou. La surface est complétement unie.

1022. Cinq fragments de flute, chacun percé d'un ou de deux trous; trois sont ornés de moulures.

1023. Un fragment de flute à deux trous. Les moulures sont encore en partie incrustées d'ébène ou d'une autre substance noire.

ÉCRIN N° 59.

1024. Pierre gravée en forme de feuille ou de palmette (1).

1025. Pierre en forme de coquille bivalve. Elle porte, d'un côté, l'inscription : HIMYT(?)∀ IVII(?)MI, et, de

---

(1) Lorsque la *substance* n'est pas indiquée, l'objet est toujours en ivoire.

l'autre : $\sqrt{}$|$\Downarrow$⅄⊗$\Downarrow$⊗
$\Downarrow$⊗$\Downarrow$$\Downarrow$⅄$\Downarrow$

C'était probablement un amulette.

1026. DEUX OSSELETS destinés au jeu d'astragales.

1027. TESSÈRE. D'un côté, une tête de femme, et de
l'autre l'inscription : AϨPOΔΠH (AΦPOΔITH).

1028. DEUX OSSELETS d'un jeu d'astragales, semblables à ceux du n° 1026.

1029. TESSÈRE EN OS, de forme lenticulaire, marquée du chiffre XX.

1030. PETITE PIERRE OVALE à bord dentelé; l'une
des faces est sillonnée de raies qui se croisent; l'autre
porte un E grossièrement gravé.

1031. DISQUE orné d'un masque de satyre, vu de
profil, et d'une petite massue placée au-dessous.

1032. DEMI-BOULE EN PIERRE, à surface unie.

1033. PERLE DE COLLIER. La surface est façonnée
en côtes; on y voit quelques traces de couleur rose.

1034. PETIT DISQUE OVALE. Il porte, d'une part, la
lettre P, de l'autre un Q, gravés en relief. C'est probablement une pièce isolée d'un abécédaire antique.

1035. TESSÈRE EN OS. Disque orné de dessins poin-
tillés et gravés.

1036. TESSÈRE EN FORME DE DISQUE, avec une
(h fortement aspirée), gravée sur chaque face.

1037. Tessère en forme de disque, d'une origine suspecte. Elle porte la légende :

IMPCAESF LVESPAVGPMTRPPCOSIII;

au-dessous un X.

1038. Tessère en forme de disque, d'une origine également suspecte. D'un côté, une couronne de laurier avec la légende :

IMPTCAESVESPAVG PMTRPPCOSVIII.

Sur le revers le chiffre XII.

1039. Fausse tessère en forme de disque. D'un côté l'inscription : PFIMI
DECEN

entourée de la légende :

IMP.SEV.ALEXANDER.PIVS.AVG;

au revers le chiffre V.

1040. Tessère en os. Disque plat, marqué des deux côtés du signe ⤲ gravé en creux.

1041. Tessère en os. Disque plat très-épais orné de cercles concentriques et de dessins.

1042. Tessère ronde, ornée d'une tête de Jupiter Ammon. Au revers le chiffre VI.

1043. Un gland.

1044. Une pomme de pin, ou une framboise, teinte en rouge.

1045. Deux petites tessères. La surface est marquée de cercles concentriques.

1046. Disque plat percé d'un trou.

1047. Petit disque portant en relief la lettre I; c'est peut-être une des pièces d'un alphabet en ivoire.

1048. Tessère en forme de prisme rectangulaire, marquée du chiffre VII.

1049. Tessère ronde, ornée d'un bas-relief représentant un âne qui tourne une espèce de moulin. Au revers l'inscription : TTTЄ·PA XIIII IΔ

1050. Tessère ronde, ornée d'une main ouverte. Au revers le chiffre X.

1051. Tessère ronde, ornée d'un buste d'homme vu de profil. Le revers ne porte rien.

1052. Tessère de gladiateur (?), en forme de prisme rectangulaire. L'une des faces porte l'inscription : PATE O (?) ET SALIN.
la seconde : HERMES
la troisième : IBI
la quatrième : SP.....AVG.

1053. Tessère ronde, ornée d'une tête barbue vue de profil et ceinte d'un diadème (probablement Jupiter). Au revers l'inscription : ZЄYC V Є

1054. Disque a bord façonné. Un Amour ailé, sculpté en bas-relief, est couvert d'une chlamyde et porte un feston de fleurs. Le revers est uni.

1055. Tessère en forme de disque à surface convexe. Sur le revers le chiffre VIIII.

1056. Tessère en forme de prisme rectangulaire, marquée du chiffre X||||. C'est peut-être une tessère de gladiateur.

1057. Disque plat, orné d'un petit vase gravé au trait.

1058. Petit disque à surface convexe façonnée.

1059. Trois petits disques plats, ornés de cercles concentriques.

1060. Petit cône à surface unie.

1061. Pièce en forme d'une demi-figue.

1062. Tessère lenticulaire à surface gravée au trait. Le revers est uni.

1063. Tessère de convive (?). Disque concave avec un gallinacé dressé, sculpté en relief; au revers, le chiffre XX. C'est probablement une invitation à dîner avec le numéro de la place qu'on devait occuper à table.

1064. Dé a jouer, complétement semblable aux dés actuels.

1065. Disque orné d'une tête de femme ou de jeune homme, en profil.

1066. Dé a jouer, un peu plus grand que celui du n° 1064; les points sont marqués en cercles concentriques.

1067. Pierre ronde sculptée en forme de masque.

1068. Disque lenticulaire.

1069. Croissant. Le bord concave est taillé en profil humain.

1070. Disque hémisphérique.

ÉCRIN N° 60.

1071. ORNEMENT en forme de chapiteau d'un pilastre d'ordre ionique.

1072. CHAPITEAU d'un petit pilastre corinthien.

1073. ORNEMENT en forme de chapiteau d'un pilastre de style indéterminé.

1074. PIED D'UNE CISTE, orné à sa partie antérieure d'une figure de sphinx vu de face, et latéralement de deux volutes.

1075. BAS-RELIEF représentant un Amour ailé (?) qui croise les mains derrière son dos.

1076. BAS-RELIEF représentant une Muse assise, tenant un rouleau ouvert (probablement Clio). Derrière elle un pilastre surmonté d'un objet indistinct, peut-être d'un cadran solaire.

1077. BAS-RELIEF représentant Minerve assise, armée d'un casque et de son égide. Elle tient la lance de la main droite, tandis que de l'autre elle s'appuie sur le bouclier placé à terre. Le bord du bas-relief a souffert.

1078. BAS-RELIEF, semblable à celui du n° 1076. Une Muse assise, Thalie ou Melpomène, regarde un masque scénique qu'elle tient en main. Une colonne d'ordre dorique s'élève derrière elle.

1079. BAS-RELIEF représentant un Amour nu, ailé et debout. Il croise les pieds et s'appuie du coude gauche sur un pilastre. C'est le pendant du n° 1057, mais les dimensions sont un peu plus grandes.

1080. FRAGMENT TRIANGULAIRE d'une pièce qui peut

avoir servi de manche à couteau. Il est orné, d'une part, d'une figure de Vénus qui arrange ses sandales, de l'autre d'une figure brisée, colorée en noir. La troisième face porte un griffon. La partie inférieure manque.

1081. FRAGMENT orné d'une tête en relief d'un guerrier ou de Minerve.

1082. DEUX PIEDS DE CISTE, semblables à celui du n° 1074.

1083. BAS-RELIEF BRISÉ, représentant la moitié d'un navire sur lequel on aperçoit le pilote et Ulysse attaché au mât, tournant ses regards vers les sirènes placées au-dessus du navire. Elles sont représentées avec des ailes, mais sous une forme complétement humaine, du reste; l'une d'elles semble sur le point de se précipiter du haut d'un rocher. On remarque encore quelques restes de dorure. Ce bas-relief, les trois autres n°s 1076-1078 et les pieds n°s 1074, 1082 et 1086, proviennent de plusieurs cistes d'un genre semblable à celle du n° 1087.

1084. FIGURE EN RELIEF de Bacchus, ou plutôt d'Hermaphrodite. Il rassemble ses vêtements derrière les épaules.

1085. BAS-RELIEF représentant une femme assise, les jambes couvertes d'une draperie; elle élève de sa main droite le reste des vêtements de manière à former une espèce de voile au-dessus de sa tête et de ses épaules. A ses pieds est un bouclier adossé contre une colonne. On aperçoit quelques traces de dorure.

1086. DEUX PIEDS DE CISTE, semblables à ceux des n°s 1074 et 1082.

ÉCRIN N° 61.

1087. PETITE CISTA CARRÉE posant sur quatre pieds semblables à ceux des n°s 1074, 1082, 1086. Sur le devant, des deux côtés d'une porte simulée, se trouvent deux figures de femme en relief qui représentent des cariatides. Elles posent sur une base peu élevée et soutiennent d'une main l'entablement, tandis que l'autre est appuyée sur le flanc. Les trois autres côtés sont ornés de moulures aux bords. — Cette élégante cassette, très-bien conservée, n'a subi que de légères restaurations. Elle a été trouvée à Cumes en même temps que les fragments divers mentionnés au n° 1083.

ÉCRIN N° 62.

1088. FRAGMENT D'UN OISEAU. La tête et l'extrémité des pattes manquent. C'était probablement un joujou.

1089. SORTE DE PETITE BOBINE.

1090. PETITE BOULE surmontée d'une belière. C'était probablement un pendant de collier.

1091. FRAGMENTS DE PLUSIEURS FUSEAUX réunis par une main moderne.

1092. MORCEAU PERCÉ DE PLUSIEURS TROUS. Il faisait partie d'un objet creux inconnu ; c'est peut-être une moitié de bulle.

1093. GLAND CREUX.

1094. LION AU REPOS.

1095. COLOMBE EN NACRE.

1096. Colombe en os teint en vert.

1097. Morceau d'un usage inconnu. La tête en forme de prisme triangulaire.

1098. Bras d'une poupée semblable à celle du n° 1109.

1099. Cinq styles divers (?). Les deux derniers se terminent en boutons. Ce sont peut-être des épingles à cheveux.

1100. Cinq petites serrures. Quatre d'entre elles sont teintes en vert.

1101. OEil en marbre blanc avec une pupille noire.

1102. Quatre styles, peut-être de petites épingles à cheveux.

1103. Étui semblable à nos étuis à épingles; c'était peut-être un porte-style.

1104. Morceau en forme d'un manche plat.

1105. Morceau d'un usage inconnu. Il a la forme d'un lorgnon moderne.

1106. Cylindre tronqué, marqué de points comme un dé à jouer.

1107. Amulette égyptien en argile blanche légèrement cuite. Il est façonné en forme d'amande et taillé à jour, comme celui du n° 232.

1108. Figurine barbue. Elle tient une épée en main.

1109. Poupée a bras mobiles. Les jambes manquent.

1110. Quatre lions au repos, de style étrusque antique, avec quelques restes de couleur rouge.

1111. FIGURINE DE FEMME. Les bras et les jambes manquent. C'est probablement un joujou.

1112. FRAGMENT D'UNE TÊTE BARBUE.

1113. FIGURINE DE VÉNUS NUE. La déesse arrange sa coiffure.

1114. MANCHE A COUTEAU, façonné.

1115. MORCEAU SEMI-CIRCULAIRE d'un usage inconnu. Il est percé d'un trou.

ÉCRIN N° 63.

1116. QUATRE BAS-RELIEFS EN IVOIRE, de style étrusque archaïque, avec des restes de dorure et de peinture. Le premier représente un bige attelé de chevaux ailés ; le conducteur tient un fouet en main. Le second est orné d'une figure dont le dos et les pieds sont garnis d'ailes et qui saisit un cerf. Une panthère est placée à ses côtés. Sur le troisième on voit deux personnages couchés devant une table sur laquelle un serviteur dépose un plat ; le quatrième, enfin, représente un vieillard barbu qui tient de chaque main un poisson et dont le corps se termine probablement en forme de poisson. C'est peut-être le Dagon phénicien, Glaucus, Nérée, ou quelque autre divinité maritime de la mythologie grecque. Ces intéressants bas-reliefs ont été trouvés dans une nécropole de l'ancienne et fameuse ville de Tarquinii, près de Corneto. Ils rappellent, pour le style, et surtout pour la forme de la coiffure et de la chaussure, les personnages du fameux tombeau d'Agylla

(Cæré) qui fait partie de ce même musée. Le docteur
H. Brunn les a décrits d'une manière très-détaillée
dans les *Annali dell' Inst. archeol.*, 1860, p. 472 ; mais,
en ne faisant remonter le travail de ces bas-reliefs
qu'au quatrième siècle avant J.-C., le savant auteur
leur assigne, à notre avis, une date trop moderne.

XIV

OBJETS DIVERS, LA PLUPART EN VERRE
DE COULEURS VARIÉES.

ÉCRIN N° 64.

1117. DEUX CAMÉES EN PIERRE d'un travail assez grossier.

1118. FRAGMENT DU BORD D'UN VASE DE VERRE avec l'inscription : REDIFESTI [VADIES ?] (Reviens, ô jour solennel?). Les lettres placées entre parenthèse manquent; nous avons essayé de compléter l'inscription.

1119. ANNEAU DE VERRE BLEU, brisé.

1120. ASSEMBLAGE DE TRENTE-HUIT MORCEAUX DE VERRE, de grandeurs, de formes et de couleurs diverses, enfilés en collier. Les plus grosses perles sont sur le devant.

1121. ASSEMBLAGE DE SEIZE BOULES DE VERRE de grandeurs diverses, toutes façonnées à côtes, la plupart de couleur bleu-verdâtre. Elles alternent vers le milieu avec quatre cylindres à surface unie, et, vers les extrémités, avec dix petits cônes à côtes.

1122. ASSEMBLAGE DE CINQUANTE-QUATRE GRAINS DE VERRE, ocellés, semblables à ceux du n° 226, les uns à fond jaune avec des taches bleues et blanches, les autres à fond bleu avec des taches blanches et jaunes. Vers les extrémités cinq perles à bandes noires et blanches imitant l'onyx.

1123. ASSEMBLAGE DE QUARANTE ET UNE GROSSES PERLES DE VERRE BLEU, de neuf gros grains incolores et, vers les extrémités, de vingt petites perles d'un bleu plus foncé.

1124. VINGT-SIX MORCEAUX DE VERRE, isolés, de formes, de grandeurs et de couleurs diverses. Un grand nombre était probablement des têtes d'épingles ou des boutons. Cinq, en verre incolore, sont perforés et deux d'entre eux portent encore des restes de la tige qui les traversait.

———

La collection renferme encore 105 camées et intailles antiques et de la Renaissance. Comme ces pierres ne sont pas montées, on n'a pas cru devoir les décrire.

FIN.

ADDITIONS ET CORRECTIONS

Page 86, n° 279; *ajoutez :* Cette élégante fibule se trouve mentionnée et représentée : Monum. Annali, etc., 1857, p. 51 et pl. 10.

Page 87, lig. 6-8; *au lieu de :* Deux autres du marquis S. Campanari, etc.; *lisez :* l'un du marquis S. Campanari, Bull. dell' Inst. arch., 1851, p. 47, l'autre du Dr H. Brunn, Monum. Annali, etc., 1855, p, 51 et pl. 10.

Page 88, à la fin de la note; *ajoutez :* Du reste le fac-simile prouvera que la dernière lettre de la première ligne, liée à la seconde ligne par un ⟩, ne peut être qu'un N, ou bien un M, ou un Ⱳ incomplets; mais en tout cas ce n'est pas un Ⅎ, comme le pensent les deux auteurs ci-dessus nommés.

Page 92, n° 232 ; *ajoutez :* Le musée du Louvre possède (salle des bronzes) une fibule semblable.

FAC-SIMILE DE L'INSCRIPTION MENTIONNÉE P. 75, N°. 254,

au double de la grandeur réelle.

I. ——

II. ——

III. ——

IV. ——

V. ——

VI. ——

VII. ——

VIII. ——

IX. ——

X. ——

XI. ——

XII. ——

XIII. ——

XIV. ——

XV. ——

XVI. ——

XVII. ——

XVIII. ——

1.

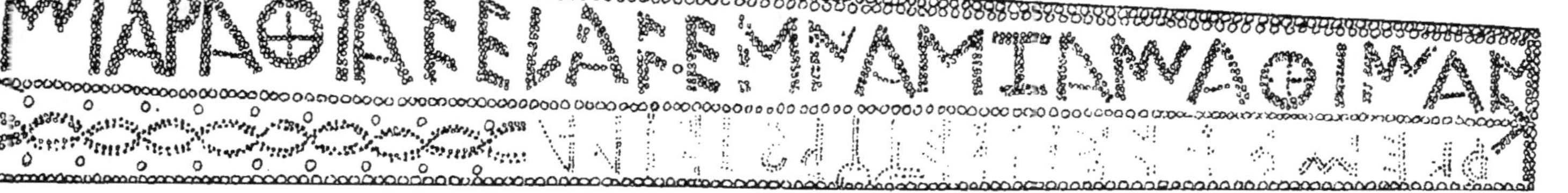

Inscription complète au double de la grandeur réelle.

2.

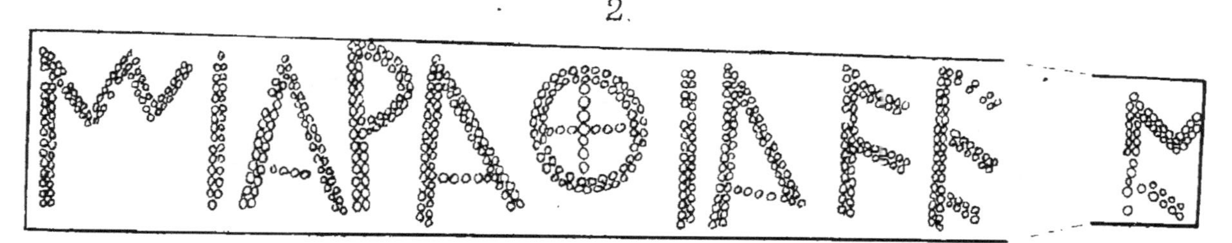

Fac-Simile des dix premières et de la dernière lettres de la première ligne, au quadruple de
la grandeur réelle.